空谈

关于人生的七件事

狗子 陈嘉映 简宁 作品

广东省出版集团

广东人民出版社

· 广州 ·

图书在版编目（CIP）数据

空谈：关于人生的七件事 / 狗子，陈嘉映，简宁著 . — 广州：广东人民出版社，2013.9

ISBN 978-7-218-08886-0

Ⅰ . ①空… Ⅱ . ①狗… ②陈… ③简… Ⅲ . ①人生哲学—通俗读物 Ⅳ . ① B821-49

中国版本图书馆 CIP 数据核字（2013）第 178416 号

Kongtan：guanyu rensheng de qijianshi

空 谈：关 于 人 生 的 七 件 事

狗子 陈嘉映 简宁 著

出 版 人：曾　莹

责任编辑：肖风华　梁　茵
监　　制：于向勇　康　慨
特约策划：赵　辉
封面设计：牧　牧
营销编辑：刘菲菲　孙玮婕

出版发行：广东人民出版社
地　　址：广州市大沙头四马路 10 号 （邮政编码：510102）
电　　话：（020）83798714（总编室）
传　　真：（020）83780199
网　　址：http://www.gdpph.com
印　　刷：北京鹏润伟业印刷有限公司
书　　号：ISBN 978-7-218-08886-0
开　　本：860mm×1200mm　1/32
印　　张：8.5　　字数：170 千
版　　次：2013 年 9 月第 1 版　2013 年 9 月第 1 次印刷
印　　数：1—20000 册
定　　价：32.00 元

如发现印装质量问题，影响阅读，请与出版社（020—83795749）联系调换。
售书热线：（020）83790604 83791487　邮购：（020）83781421

| 序

目录
contents

序

2012 年夏末到 2013 年春，我跟嘉映、简宁做了七次谈话，地点在嘉映家。

缘由是，多年来，我在跟嘉映、简宁的各种闲聊中每每能获得启发，他们的一些有见地的说法，经常被我拿来在各种场合（对我而言基本就是酒桌上）卖弄，后来就碰到一些做媒体的朋友，他们鼓动我何不就一些大家感兴趣的话题集中做几次谈话，拿到媒体上发表，要弄就好好弄，要卖就真卖。

我把这个意思跟嘉映、简宁说了，他们答应试试，最主要的原因是，他们觉得三两朋友坐下来就一些问题安安静静交流一下挺好，别净是喝大酒扯闲天，或者——对嘉映来说——就是学术讨论。是否在媒体上发表，倒在其次。

这半年多来，大概每隔一个月我们聚在嘉映家谈一次，通常是下午两点半到六点左右，有茶，不喝酒。我带了录音笔做录音，我的一个拍电影的朋友对我们的谈话感兴趣，他带了摄像机在一边录像，他跟嘉映、简宁也认识，不好拒绝。关于录音录像对谈话的影响，在书中"何为'智性'谈话"中有所涉及。

谈"政治"的那次特邀了周濂加入，他是嘉映以前的学生，现在主要做政治哲学。周濂也是我们大家的朋友。

每次谈话的题目由我来定，基本上是就我的一些困惑来展开，半年多下来，困惑并没有解除（甚至有所加深），但多多少少让我更看清楚了这些困惑的面目，这样的收益我觉得已算不小了，所以，这一系列谈话对我而言绝非空谈，这样的空谈，还是对我而言，不是太多而是太少……我还不至于是个不切实际耽于空想的人吧？何况，有些问题只能空谈，就应该空谈，比如乌托邦之类的？

不谈也罢。

要感谢以下朋友对"空谈"的促成和帮助：高山、沈山、高子鹏、庄丹洵、项灵羽、王芫、刘晓丽；还要感谢徐晓、沈大园、灵子、傅金岳，是他们的努力和付出，使"空谈"成为《空谈：关于人生的七件事》。

狗子

2013.7 北京

两性：我们该如何期待一种新型两性关系？

话题参与者：狗子　嘉映　简宁

2012 年 9 月 4 日

被解除了的禁忌？

　　狗子：关于我们这个谈话，之前想过一些话题，比如"中国的九十年代"，各种社会文化现象啊，等等。不久前嘉映说，狗子，就谈你最感兴趣的。我想来想去，觉得我个人最想谈的就是这个两性关系，所以我们就先从这个题目试试？我之前跟嘉映在电子邮件中提到这个话题，嘉映你好像说这个话题不太容易展开……

　　嘉映：对，这话题不好谈，要不这样，狗子你先说一段，我跟简宁评论，看谁能接就接上？

　　狗子：以我的生活为案例？

　　嘉映：以谁的生活为案例都行。

　　简宁：我倒是希望以嘉映的生活为案例。

　　嘉映：那完了，那完了，我这生活就太枯燥了。

狗子：我想先问，为什么谈这个话题就不太好展开，是因为牵扯个人隐私还是什么缘故？

嘉映：我不知道，也许是你这个问题本身就能成为一个话题的。为什么不太好展开？性这个话题在历史上——古今中外我所知道的历史，绝大多数时候基本上都是个禁忌。为什么这一直是个禁忌的话题，可就不容易说清楚了，这本身就够谈一次甚至好几次的了，没准儿还真能谈出点儿别人没谈过的。那为什么到了近代或有些时代，它突然就可以谈了？如果这个话题本身真的包含着禁忌，今天虽然可以公开谈，实际上一定掺杂着一大堆掩饰、欺骗、自我欺骗，裹在这个话题上了，这里所谓的坦诚，其实都是大大地打了折扣的坦诚。我说不太好展开，大概就是这意思。

要不我们先把这个跳过去呗，狗子还是你先谈，是性还是性与婚姻还是性与什么，还是就是性，两性……

两型关系能否有个新型？

狗子：我一直疑惑，我是不是在两性关系的问题上一直就比别人关注的多，或者说为什么这些事老搞不定，我的大多数麻烦，或者所谓痛苦，差不多都来自两性关系，比如失恋啊、想摆脱啊之类的……

嘉映：失恋或者让别人失恋。

狗子：差不多吧，那种和平共处的恋爱是少数，多数都比较纠结，这是我个人的情况。然后我观察我周边的朋友，有在这方面不是特麻烦的人，但是和我平常一块儿玩儿、一块儿混的朋友，两性关系还是一个相当重的或者说相当困扰的那么一个问题，你会发现他们情绪低落的时候，八成是来自两性方面的困扰。于是我就一直在琢磨这个问题——这个现象正常吗？

嘉映：你说到这儿我已经有一大堆的问题了，第一，就是说你碰到的这些事儿，基本上人人都会碰到，失恋，追求谁追求不到，两人好着一个想断，这是大多数人都会碰到的，那么你说这些事儿很困扰你，所以你就会对这些事儿想得特别多，你觉得你想的会跟别人有什么不同吗？再一个大的问题是，你说这正常吗？这个我不知道，但是你也能想象，两性关系这么困扰你或者很多人，我觉得这应该是一个比较近现代的现象，这个你想过没有？第三个问题，你说你认识的有些人就没那么困扰，你比较一下为什么你就那么困扰而他不那么困扰？

狗子：我不确定我想的是否和别人不同，我老觉得吧，这个男女关系能不能有个新型？比如比照哥们儿之间的关系，为什么我跟哥们儿之间的相处就没那么多事儿，一到男女关系这儿就……这问题出在哪儿呢？

嘉映：因为男女关系很明显具有排他性啊。

狗子：对，就是在排他性这一点上，能不能……

嘉映：改改？

狗子：对，改改。

嘉映：嗯，改改呀……

简宁：我也同意大多数是排他的啊，但好像有个别例外，比如法国诗人艾吕雅，他有一个毛病，就是喜欢拿他的太太来招待朋友。家里来客人，他就会故意营造一种气氛或提供某种环境来怂恿他的太太跟他的朋友做爱……这算是排他的一种例外呢，还是个变异？

嘉映：我觉得说到这儿，实际情况可能要复杂得多得多。第一个就是关于这个 case（案例）你掌握了多少细节，比如萨特和波伏娃的关系，一开始被当作一个新型，但你也知道后来披露了大量材料，那些细节你要读下来，就会发现，那个所谓简单的新型实际上有很多复杂的内容……

简宁：跟夫妻一样。

嘉映：里面有很多复杂的东西交织在一起，欺骗、哄骗、自欺、扭曲了的嫉妒、权力。这个案子单独可以谈，但是我想说，这些所谓的例外，得做个案研究，细节你掌握了多少，这是一个问题。第二，这个排他虽然是双方的，但主要是指女性，简宁刚才那个例子里是说男性有时不排他。

简宁：简直慷慨。

嘉映：第三个呢，我又得讲到古代跟现代的区别，我们知道有很多原始民族，拿自己的女人款待客人不是什么大事儿，当然，它首先就没那么多感情纠缠。

我觉得这种排他性是跟现代的好多东西连在一起的，比如说个人感情被看得特别重。在以往的时代，个人的私情它不是什么大事儿，社会有一大套规矩，现在没有规矩，全靠这个感情的纽结，以前都是靠规矩就都把它弄清楚了。

狗子：在我们受的教育里，五四的这一套都是很正面的东西，你怎么看这些呢？

嘉映：呃，怎么看，谈不上，我就是想说现在的这种爱情观，至少是主流的明面儿上的爱情观，是把感情放在第一位的，以前有个说法叫"爱情至上主义"，这"爱情至上主义"我怎么看，我说不上来……嗯，我至少可以说这一条吧，就是，我喜欢干的一件事儿是，指出很多我们在不经反思的时候被当作天经地义的东西，实际上都来历不长，当然这个"来历不长"也就暗示了实际上它也不是那么天经地义，就是在人类的绝大多数时代和绝大多数地方，人不是这么想的，我还没有说它因此就不值得这么想或不应该这么想，但至少我就不会把它看作天经地义，它是可想的嘛，可反对的嘛，如果你找到了反对它的理由的话。

简宁：这个我特别认同你的说法，比如说"爱情"这个词，或者说"爱"，这是二十世纪才有的，是白话文之后才有的词。现在女的总问男的"你爱我吗"，有时会把你搞疯。我碰到这问题，就反问她，那你爸爸和你妈妈会这么说吗？我就想，我们上两代人的感情生活是什么样呢？这里有一种怎样的认知的差异？我就说，你不能说古人没有爱情吧，可能形态不一样，纠结差不多吧？

嘉映：显然纠结的方式很不一样喽。比如希腊神话里，帕里斯对海伦，你说那叫爱情吗？他把海伦掠走了，然后海伦的丈夫、斯巴达国王墨涅拉俄斯就鼓动阿伽门农发动一场战争，把海伦抢了回来。你看这个故事，古代人听起来是那么自然，但我们现代人就会想，怎么整个故事我们都不知道海伦是怎么想的？这一点跟现代人的爱情观太不一样了。

是排他性不好，还是让你不方便了？

狗子：能不能这么说，我之所以在这个问题上纠结，是因为我可能潜在认为这种两性之间的排他性，以及由此导致的一种占有，我觉得不好？这个排他性，是不是跟男权社会有关？为什么女人好像更希望通过婚姻来证明自己，实现自己……

嘉映：我觉得，首先这个排他性究竟是它不好，还是让你不方便了，这事你得分开。比如说，我感觉不方便了，我就觉得不应该这样，但其实可能还就不一定，也许就应该那样，问题就出在你这儿，而不是出在它那儿。

再一个关于这排他性，说起来还有很深的生物学基础，有好多人在研究这个。就说养孩子这事儿，就有点儿排他，得靠一个家庭为单位来养。柏拉图倒是有靠公家来养孩子的想法，但恐怕行不通。当然养孩子只是一个角度，它不能全面说明排他性，但已经涉及了。你可以说我们在养孩子这事儿上组成一个家庭，但在性上我们不排他，怎么说呢，这至少是有不现实的地方吧……

从生殖特别是基因的角度来看，对男人来说，他去跟很多女性发生关系是绝对不亏的，一百个女人只要有一个给他生养个孩子他就不亏。他投资少，哪儿碰巧赚了一笔就把所有投资都捞回来了。人类生养孩子是件挺难的事儿，一个单亲来养育比较困难，所以要一对稳定的男女来保证养活孩子。那对男性来说呢，最好的模式就是，"家里红旗不倒，外面彩旗飘飘"，保证家里的孩子养活。其他的呢，碰运气，遍撒种子，最大限度实现自己生殖或基因传播的本能。女性则正好相反，她怀孕、哺乳，就很难去维持生计，所以女性基因传播的成本很大，不能瞎碰运气，她没有到别处去撒种子让别人去养活自己基因的好事儿，她一定要守住一个男的，两个人共同保证把这个孩子养大。

这算是一种标准解释吧，这类理论不仅解释男女的恋爱策略为什么有很多差异，而且，女性为什么长处女膜，乳房为什么有型，为什么会停经，好多好多，都依赖于这个标准解释。

狗子：这方面我偶尔知道一点儿，但还真不是很多。

嘉映：道金斯所谓"自私的基因"说的就是这个。类似的研究还有很多，我并不是说它们就一定是正确的或者说能解释一切，只是想说，两性行为在生物学上是有标准解释的，为什么男人会这么行动，女性又会那么行动，这是经过一代又一代基因选择的。

简宁：所以女人骂男人没有一个好东西，看来是真的。

嘉映：对，对，大概就是这个意思。

狗子：固定的男女关系就好养孩子吗？

嘉映：我不知道你这个问题是从哪个角度问的，至少表面上是这样。你知道，自然界没有像人这样的，就是出生以后一直到十来岁都不能自理。那你也知道，人这个样子是因为人有语言，人有语言就必须有一个大脑袋，等到这个大脑袋发育好了孩子就产不出来了，因为女性的骨盆没有那么宽，有个挺有名的说法，全人类都是早产儿。

既然早早把孩子生出来，她自己又根本活不了，所以这个当妈妈的就得好几年啥也干不了守着这个婴儿，你就得有一个爸爸，去采集食物，去保卫领地，等等，所以人类得发展出一套特殊的社会制度……反正这些生物社会学上研究得特别多了。

简宁：那么，延伸一下，是不是最符合生物学解释的人类行为也是最道德的？

嘉映：嗯，这又是一个特别复杂的问题了。道德能不能还原为生理？我个人的看法，不是这样，我不认为道德是可以还原为生物学原理的，这方面我甚至还写过一点儿。但是，我觉得我们讨论两性关系啊道德啊什么的，这方面的知识最好有一点儿，哪怕你认为不能用它来解释文化现象，道德的确不只是自由啊理想啊这样单纯的形而上学问题。

你如何证明两性关系的新型比旧型要好？

狗子：回到刚才的问题，为什么现在大家在两性关系这方面有这么多困扰或纠结呢？至少我以及我身边的好多人是这样的。

嘉映：那按我知道的年轻人的情况——当然在这种事儿上我挺无知的，但感觉上他们好像远不是那么纠结，很多人他要关心的事儿特多，比如如何把一个企业做好；还有一部分原因，就是他觉得这事儿按规矩办就差不多了，我想大多数人是那样吧。结了婚，那就得有责任呗，对老婆忠诚对家庭负责任，我并不是说他的行为完全在这个想法的范围内，但是这个想法占了很大的一块儿，大概是这样。

狗子：能这么说吗，关注的事儿多也罢，遵循规矩也罢，我跟他们的不一样是不是我不认可这个，更想把两性关系导入一种所谓的新型？

嘉映：那明显是这样。但是我想说，当你说一种"新型"的时候，你在很大意义上其实是想说它是一种比"旧型"更好的模型。这我就要问了，这个更好是只对你更好，还是对别人也更好？当你说你的"新型"比传统的找个女朋友、结婚、生孩子更好，你就必须提供一个足够的理由，为什么你的那个"新型"比旧的好？我想问的大概是这个。

狗子：那样的话……我就可以自由恋爱，或者说现有的男女关系形态它极大地限制了我的自由恋爱，所以它不如那个新的好。

嘉映：嗯，我可能会这么来说，就是呢，你自由恋爱，是吧，现在呢就有一种制度或者人性中的某些东西，它在限制你这种自由恋爱，那么，为了使这种自由恋爱成为可能，我们就希望把人性改变一下，把制度改造一下，无论通过什么方式吧，把人性以及制度调试到能够作为一种新型的基础。那么你自然就要回答那个问题，因为旧型它是限制了你自由恋爱。我们假设自由恋爱是好的，但它之所以受了限制是有道理的，就是它保护了某些东西。那你就得说明，人性以及制度的这种改变呢，一方面促进了自由恋爱，一方面它不伤及或很少伤及它以前保护的东西，诸如女方的权益啊，孩子的养育啊，等等，否则的话，这事情就变得比较简单，就变成了两种好东西的冲突。就是说，咱们假设自由恋爱是好的，一个稳定的家庭也是好的，这两者呢经常发生冲突，那就是我们平常说的话，就像自由和安全。有的人说自由比较要紧，我该去沙漠还去沙漠，我该爬雪山我还爬雪山；有的人就说不，我不爬那雪山，那太危险。那这样就比较简单，你就承认你不是更好的，也无所谓新型，从来都有人想洒脱点儿，也从来不可能大家都这么洒脱，事情就简单了。自由恋爱固然好，但稳定的家庭也有其存在的理由，这两者之间的冲突只是不同人的不同选择罢了。

不过我现在想更深入地理解你说的意思，你说的那个"新型"从根本上来说可能是反体制和追求个人自由。在这里，我说的体制，包括上班工作，结婚生子，把孩子养成一个好孩子，走到哪儿都有人夸这孩子功课好、三好生，等等，然后你呢，就是多多少少想论证这个体制是不对的，你是想从道理上来说明你的才对——人性应该做点儿调整，做点儿改变。你有这个愿望，但你又没做这方面的工作。

狗子：对，有点儿这个意思。

嘉映：从很浅的层面上，我可能会说，现实会有不同的生活重心，这些不同的重心在生活中是会冲突的，不是我们有了一个更好的设计，对人性做了一点儿调整，就能变得皆大欢喜了。当然，作为一个上了年纪的人，我会觉得那是一种幻想，我不是说不应该改变，但是改变总是有好处也有坏处，不会一改变就一切顺心的。

不过我觉得，狗子的困惑，很大程度上就是现代人的困惑之一。传统社会，男人不一定跟妻子多说什么，他跟妻子没有今天人们所说的那种灵魂上的沟通，夫妻间的信赖主要是通过事情上的沟通。现代的男女呢，就不能仅仅满足于这样一种关系，我们希望男女之间有一种灵魂交流，近代小说的兴起大概跟这个有关，古典作品中没有这个，中世纪以前的作品中没有这个。我们现在的爱情是从中世纪来的，中世纪的骑士爱情有了灵魂这个向度，开了这个口子，但那还不是男女之间的灵魂交流，爱情还只是一种高度程式化的东西。我们现在设想的一种良好的男女关系包含着这种灵魂上的交流，以前的设想不包含这个东西。

现代的主流爱情观很大部分来自中世纪骑士爱情。

狗子：嘉映，你刚才说到古典时期的男女关系，古典时期的中国和欧洲有什么区别？

嘉映：在我刚才讲的那些点上区别不是很大，但你要是再往下讲，那还是有好多区别的，特别是欧洲基督教化之后。这个基督教对后来这些事儿的影响特别大，比如说，现代主流爱情观很大部分是从骑士爱情那里来的。骑士爱情里有一种精神性的东西，有时干脆就只有精神性，无关肉体欢爱。男女之情中的这种精神性是种很特殊的精神性，其他东西都不能取代它。小说、诗歌专在这种东西上做文章，从前人们好像不知道这个，我几乎想说这是骑士爱情的一个新发现，是现代心智的一个新发现。男女之情被赋予某种崇高神圣的东西，某种超越其他一切事物的忠贞不渝，就像对上帝的信仰那样。现代的爱情观也常常把爱情视作至高无上的，只要是为了爱情，其他都可以不计较，你为了爱情，别人也就不能再批评你。

简宁：我们现在的生活，在大多数人的观念中，都会认为爱情要有一点儿神圣性。

嘉映：对，生命不可侵犯的神圣性和爱情的神圣性，这两个，都是基督教带来的。

简宁：生命的神圣性佛教里也有啊，道教里也有，所有宗教，生命的神圣性肯定都是一个基石。但是爱情，你比如佛教里头，对男女性爱肯定是嗤之以鼻的，尽管有男女双修什么的，但佛教基本上是否定性爱的。

嘉映：我还是觉得我们现在这种生命至高无上的神圣性是基督教带来的，不过这个我回头再好好想想……

简宁：中国古典诗词里头的这个爱情，比如我喜欢的苏东坡的那个"十年生死两茫茫"，你看，这是多么深情、多么感人肺腑的一种东西，但里面没有神圣性。

在我看，狗子搞得太复杂了。我对性，肯定也关注，也有需求，包括跟女性精神交流的需求，但大部分时候也就是聊聊而已。一想到谈个恋爱什么的那么麻烦，我肯定就跑了。这可能跟我早期的生活经验有关吧，我要为生存付出很大的精力，我可能还更关心别的一些什么事儿——文化啊、政治啊，而我关心的那些事儿呢，我不觉得女性应该关心，在那些事儿上，我对女性没有期待。

所以我对女性的看法可能是更古典的那种，这样反而获得某种轻松，反正，麻烦少嘛。我不知道，也许哪天我会掉到那个坑里去了也没准儿，不过从我这个年龄上看，可能性似乎不大。

总之，我想说的就是以前也有爱情，但，不名之以爱情。

嘉映：反正那个形态跟现在不太一样，特别跟现在有些人不太一样，比如像狗子这种。

简宁：贾宝玉是不是更像狗子一点儿？贾宝玉更要求女性的精神性。

狗子：我要求女性的精神性吗？我好像不这样吧？

嘉映：那，不说精神性，单纯过日子你又不行。

狗子：对，单纯过日子，不行。

嘉映：在过日子里头是可以培养出一种爱情的，对吧？像"十年生死两茫茫"，虽然我们不知道他们怎么过的，不一定是风花雪月，可能也就是过日子，但过着过着，过个十年它就自然在那儿了，它是那样的一种爱情，那种老夫老妻之间的，或者两个人过的时间长久的那种。我们以前年轻时候就聊过这些，我好像还写过这个呢，说什么"爱慢慢地变成一种珍惜"，诸如此类……

简宁：对对，我觉得特别对，对我这样一个农民来说，这个感触颇深。

嘉映：但是你看，爱情它有好多侧面，我相信对于好多人来说，珍惜是一种特别重的感情，可能别的没有了都不要紧，但这个东西得在；但对狗子来说可能正好相反，如果说别的东西没有了也就无所谓珍惜了，或者，诸如此类……

狗子：嗯……

嘉映：这种按部就班的婚姻生活也好，男女关系也好，肯定有某种东西是令人不满的。对这种不满有两种态度，一种就是改造，比如像萨特那样，那或许是影响最大的一个实验；另外一种，就是顺其自然，就是说在我们现有的对人性和男女的理解上，顺着天性，创造一种比较良好的家庭、男女关系等等，所谓比较良好，我指的是，跟天性其他部分更匹配。你所纠结的那种呢，我觉得是一种更实验性的东西。我想说，你更多是实验者而不是改造者。你不是那样顺着天性去弄——我这话可能说得不太好。

婚姻制度在没落。

狗子：谈到这儿，我想问，婚姻制度是在没落吗?

嘉映：婚姻制度是在没落，这个好像挺明显的。要说它没落呢，我想先说它的改变。以前两个人结婚，绝不是两个人的事儿，它是两个家族的事儿，它是一个村子的事儿，它是一个社区的事儿，所以它承载着很多社会功能，这些社会功能也使它相当的稳定，你破坏一个婚姻绝不是破坏两个人的事儿，是破坏了两个家族的关系啊诸如此类。现在这种原子家庭，这种婚姻跟以前的那种婚姻它的意义已经是很不一样了。

旧式婚姻坐落在整个社会里，由一个社会结构来维系。现代婚姻呢，我们讲这个爱情，就靠这个爱情纽带系在一起，如果没有爱情，或者感情吧，就散了。一方面婚姻从社会的大家庭里脱离开来，另一方面它通过两个人之间的感情的或灵魂的什么系在一起。灵魂这个词可能用在这儿不合适，但是感情也不很合适，反正是心智方面的东西。

狗子：而感情的这种，姑且说维系吧又是……

嘉映：高度不稳定的。

狗子：那么未来的婚姻会是什么样?

嘉映：这个未来的事儿，我老说未来有好多好多不可测的，每个事儿都跟好多事儿连着，可能是其他的事儿变了，这事儿也跟着变了。这个我不去说，我觉得呢，趋势是这个样子的，显然人性中是有一部分要求一男一女过日子，一男一女养活孩子，这个因素到现在我也没看出它要完全地瓦解，它大致还在，还是主流的吧。但是，确实跟以前不一样了，我还不说以前西方差不多禁止离婚——中国离婚也少，但没有西方那么严厉，直到今天，天主教在这方面仍然有相当多的规矩。这些我不说，我只说以前婚姻坐落在社会里，这一点就在维护婚姻。刚刚说到人性里有一夫一妻的因素，我觉得它单独不足以维护稳定的家庭，所以，婚姻会越来越变得松散、多变，诸如此类。就我经验所及，孩子现在变成了很多很多家庭得以维系的一个很重要的东西。你们也知道，离婚的两个高潮，一个是七年之痒，一个是孩子上大学，其实两人早就处在一种离婚状态，只是为了不伤害孩子，一直等到他上大学。

女人越来越理性，能力越来越强，也就越来越控制资源；男人嘛，反正就那个王八蛋样，让他们玩儿去。

简宁：我个人的看法，我觉得随着女性社会地位的提高，未来的家庭模式，更倾向于单亲家庭。

嘉映：你们知道吗，媒体上说，去年法国的单亲孩子首次超过了双亲的孩子，这算是人类的演变史上的一座里程碑。简宁他说得对。

简宁：是吧？你看，原来一个家庭，医疗是一个重要的事儿，经济是一个重要的事儿，安全是个重大的事儿。现在这些东西都社会化了，医疗就是医院、保姆、月嫂。

嘉映：然后产假，一个月、三个月，好像中国现在女性产假已经改成半年了吧？

简宁：然后，安全就是110、120、派出所，就是社会化了，原来靠的是男人。所以我碰到的那种时髦的知识女性，跟我聊家庭婚姻问题的时候，我第一个建议就是——滚蛋，让那男的滚蛋，你一个人带孩子过，舒服多啦。

嘉映：这个太多啦，现在有的女孩就说，我不要结婚，我就想要个孩子。

简宁：对有能力的女性这是最好的生活方式，你比如狗子这人，我要是一个女的，我留着一个狗子在家里头，会把我的生活整得一塌糊涂，我宁愿他一个月来一次之类的，反正我也不指望他养活我。

嘉映：我们刚才谈的一套什么生物学呀、基因呀，解释不了这些，毕竟，人类的社会发展、文化发展，改变了我们怎么生存和繁衍的方式。

简宁：从这个单亲家庭，然后慢慢会变成母系社会，我的预测啊。

嘉映：反正女性的社会角色肯定发生了巨大变化，就是在二十世纪。

简宁：女人越来越理性，能力会越来越强，也就越来越控制资源；男人嘛，反正就那个王八蛋样，让他们玩儿去。

嘉映：现在整个社会 – 经济发展的确是对女性越来越有利，你比如说坐办公室，男人呢心猿意马老坐不住，女人呢相对就能坐住。比如说合作，我刚看那《黑猩猩的政治》，作者说我冒天下之大不韪也要说，男女天性上就不一样，那黑猩猩的雌性和雄性差别是非常之大，雌性的黑猩猩就更多是在一个团体里合作式地生活，一个原因是，小猩猩由雌性来抚养。和平的环境对抚养小猩猩是好的，所以她们更多喜欢和平、安定，而雄黑猩猩就不是这样。作者二十年后写后记的时候，他研究的那个黑猩猩群落，雄一号已经死了好几茬儿了，但最早就在那里的雌性黑猩猩都还健在。可逗呢，反正这我相信，随着男人在社会上的地位不那么重要了，人的情感方式、婚姻模式的确会有巨大改变。

简宁：古希腊社会里的婚姻模式是什么样？我印象里他们男人好像是没工夫去管那个家。

嘉映：提起希腊呢，一般就是说雅典，赞美的人特别多，但是从现代价值来看，很多人不满它那种男女关系，至少在表面上，几乎完全是大男子主义的。雅典男人要么在体育场上练身体、习武，要么在市场上侃，侃政治啊，胡侃啊。搞政治，打仗，主要就是干这两事儿。溜达一天，带朋友回家吃饭，雅典的房子分成两间，一个明间一个暗间，咱们叫客厅、厨房吧，老婆去做饭，做完把饭端上来，就退下去了，跟孩子躲在暗间，不上台面。这男人对妻子完全不在意，精神交流啊什么的都没有。所以雅典妓女的层次高，这个可能你们也知道，妓女的层次是这样的，就是说，一个社会女性的社会地位越高、越自由，妓女的层次就越低，大概就是属于我们现在讲的"打一打炮"；女性没地位，妓女层次就高，因为男人跟异性的精神交流主要是跟这些女性或叫妓女之间。伯里克利就带着他的女朋友出入公众场合，还遭到他的政敌的攻击。不能叫妓女吧，我们先这么叫吧。

简宁：斯巴达社会也是这样吗？

嘉映：斯巴达社会男女比较平等，但这种平等，是因为整个社会是一个军事化的社会，女性也在竞技场里赤身裸体习武。女性忠诚于城邦并不亚于男性，出征时，妈妈嘱咐儿子或老婆嘱咐丈夫，说你千万不要让我看到你是背后受伤被抬回来的，那还不如不回来。他们那个男女平等，不是因为女人地位高，主要是全体都同样效忠于城邦。斯巴达没有雅典那种自由。

当然我这描述呢，也是后世历史学家提供的主要画面，但也遭到一些质疑，比如欧里庇得斯的剧里面，那里头那些希腊女人既聪明又泼辣，有独立精神，再有希腊那么多女性雕像，它不仅是一个漂亮啊，还有着那么丰富饱满的精神状态，似乎希腊女性不都是缩着头烧灶的灰脸婆。

为什么哲学家很少论及两性？

狗子：关于两性关系的讨论或研究，在整个哲学界处于怎样一个位置？哲学家谈得多吗？

嘉映：哲学家专门写一本论爱情的书或这样的主题是有的，但一般来说都很差，反正至少不是很好。一句两句话说到这个，有一些洞见吧特别好，这个有，比如像尼采啊、叔本华啊、柏拉图啊，经常被引用。

但是爱情这个题目怎样变成一个哲学题目被系统地阐述，这是一个很大的问题。哲学以及一直到科学，是有一种要把一切都加以公开讨论的倾向的，但也许，有些事情是不能这样公开谈的，就像孔子不言性命与天道是吧，不是孔子不说这些，大概是也许不能在公开课上谈，只是在特定的场合对特定的人才能谈这个话题。像性这个东西呢，有可能在这个意义上它不可能成为一个公开的学说，不像知识论什么的，我也不知道啦，总之性这事儿好像不能用我们所理解的哲学方式来谈。

简宁：或许像奥维德《爱经》这样的小册子。

嘉映：也许只能用另外的方式来谈。反正，爱情论我读过那么一两本，我觉得文学家写的爱情论，比如司汤达写过的《爱情论》好一些。有一个匈牙利的哲学家写过一本爱情论，在八十年代还挺热卖的，因为这题目，你想啊，大家都爱读。总之文学家要写得好一点儿，哲学家要写得差一点儿，但大哲学家没有人写过这个话题，舍勒写过《爱的秩序》，另一回事儿。

简宁：不太关心这些事儿？

嘉映：不是不关心，怎么谈是个问题。

简宁：康德、黑格尔有吗？

嘉映：（沉吟半晌）没有，没有。

狗子：为什么关于性、关于爱情哲学家谈不了，或说失语呢？

嘉映：我觉得哲学一直还是理论导向的，最后想做成一个普世的理论，在这个意义上，西方哲学里一直有一种冲动，就是要把它的研究科学化，最后变成科学。但是呢，有些东西它适合，能够成功地转向这个方面，有些就不适合。那些适合发展成为理论的东西，大家越谈越多，谈的人多了，成了大话题，来谈的人就更多了；那些不适合这样处理的话题呢，就越谈越少越谈越少。我觉得呢，这就应了那句话了，就是，并不是大家谈得最多的就一定是最重要的问题，有些大家谈得少是因为大家没有找到适合谈论的方式。赵汀阳有一次就说到，是不是谈性我忘了，就是说女人小孩的事儿哲学都不谈。

简宁：老子谈了一点儿。

嘉映：但总归谈得不多，并不是因为它不重要。我觉得，至少有这种可能，就是我们没找到一种适当的方式去谈。我们对物理世界就谈得特别特别多，是吧，整个的科学界，我们成百亿成千亿的资金投进去，我们在研究黑洞啊，研究月亮啊、火星啊之类的，但这事儿就重要得不得了了吗？应该怎么教育孩子这事儿，不容易做成理论，但并不是说这事儿就不重要。托尔斯泰就做过这类对照，说最重要的事儿反倒被我们忽略了。

文艺：众声喧哗，文学已死？

话题参与者：狗子 嘉映 简宁

2012 年 10 月 18 日

莫言获奖是一剂作用不大的强心针

狗子：今天从我个人在文学方面的困惑谈起吧，就是随着年龄增大，我的所谓创作以及阅读都有一些变化和问题。阅读方面，最近几年挺奇怪的，文学类尤其小说基本上读不进去了。其他呢，比如音乐，随着年龄的增长也越听越少。现在经常听的就是广播，随便什么广播，有时候在外地，宁可听卖药的广播，也想不起听音乐，似乎对艺术的需求好像越来越淡。在写作方面也越来越有种枯竭感——当然还是想写，这是另外一个事儿。还有一个就是，现在大家对一部作品的评价经常特别不一致，正好前几天莫言获奖，这也算是个事儿吧，我们先谈谈莫言？

嘉映：当然是个事儿，算是中国人文化生活中的一件大事儿。

简宁：我还记得多年前，嘉映还住在回龙观的时候，我跟狗子回来的路上就聊过。当时我说狗子喝酒的标准要放高一点儿，写作的标准要放低一点儿，举的例子就是莫言。我是想说，莫言和狗子其实是两种写作方式，所以我理解狗子今天遇到的这些问题，实际上是一个文学内部的问题：狗子是以自我作为文学表述的一个载体，某种程度上可以说，他对过去的文学传统"反动"得太多。当然这个"反动"其实也已经是传统了，从浪漫主义以来就有。这个东西，我是保持怀疑的。我觉得作家的肉身不重要，太不重要了。我当年对刘小枫的《沉重的肉身》非常愤怒，怎么可以把卡夫卡的小说全部还原翻译成他的生活细节，这不是太荒唐了吗？作家的作品应该是一万倍地大于他的生活；而狗子这类作家的方向刚好是倒过来的——绝不说虚构的事情，绝不说我没有亲历的事情，以此来保持对文字的一种忠诚，可是人的肉身生活太有限度了……

嘉映：狗子你听懂了吧，他那意思是你要是在十年前听了他的话，拿诺贝尔奖的就不一定是谁了，今天这顿晚饭也有着落了。

简宁：他这种写作方式某种意义上标准更高、更难，有一天会把自己彻底难倒……

狗子：还是先说说莫言获奖这个事儿吧，网上有不少议论，二位是什么看法？

简宁：我认为莫言的文学成绩完全可以获诺贝尔奖。

狗子：但是，我问的人里——不提政治啊，就单说文学——基本上都觉得在中国作家里，莫言只能算是好作家之一。前天我和阿坚还聊呢，阿坚认为莫言算是中国写小说里前五十名吧。

嘉映：前三是狗子、张弛、阿坚。

简宁：还有顾晓阳。

嘉映：对，顾晓阳。反正就是他这帮哥们儿，把前十先占了。

简宁：现在这种泛泛的文学讨论，就是嘉映以前说的"观念化"特别严重，反对莫言获奖的大部分都没看过莫言的小说。我支持莫言是有发言权的，我是真看过，真编过，能说出他为什么能得奖的一二三。当然诺贝尔文学奖向来也是仁者见仁智者见智，一向有公认的不够格的和公认的被遗漏的。还有一个特有意思的现象是，第一流或者说超一流的作家，一般得不了诺贝尔文学奖，像托尔斯泰、卡夫卡、博尔赫斯、卡尔维诺、乔伊斯，都是超一流的。打个比方，比如说清代的作家，吴敬梓能得上，曹雪芹可能就得不上。莫言呢？我承认莫言是一流的小说家。2006 年我写过一篇博客，说中国的小说家能进入世界级文学大师的只有两个半人，一个是莫言，一个是贾平凹，半个是阿城。阿城算半个是因为他后来不写了，中国能跟世界上优秀作家比肩的只有这两个半人，其他的都弱了一些。

嘉映：狗子觉得谁能进入世界级？

狗子：我看得比较窄，多是我认识的或半认识的，像莫言我可以说就没看过。不仅莫言，在我阅读里有这么一批人都没看过。我看的较多的，比如韩东、杨黎、顾前、曹寇，就这些人。

简宁：你看连读者都分成两拨儿。

嘉映：是是，何况你们俩还那么近呢。我不是说私人关系，就是在一般趣向上也算是近的……那狗子你觉得莫言得奖跟你们具体写作者有什么关系吗？

狗子：我觉得肯定会给中国文学打一剂所谓强心针吧，但强心针也就是刺激一下，有点儿反应，但没什么大作用。

简宁：莫言也是这么看，这跟狗子有点儿像。

狗子：我是想说，抛开政治性、社会性等不论，单说在文学上的作用，这些文学奖都是一部分评选者对一部分作者的评判或认可，有点儿小圈子里自说自话的意味，跟大众跟老百姓没什么关系了。从这点来说，我觉得文学已经不行了吧。

叙事艺术的需求永远都在

嘉映：狗子为了我们这个对谈，之前布置我们要读个东西——黄石写的《徒劳无益》，讲的就是现在的文学。"徒劳无益"，你听这名字，他用的主要是布鲁姆、麦克卢汉这样一些人的思想，这些话从七十年代就在说，也有几十年了，大批的人在这么说，就是说文学啊小说啊，可以再这么写写，但这事儿过去了，没这事儿了。

简宁：这就是文学的跌宕，他们以前把文学看得太高了，后来又把文学看得太低了，就是没把文学当作文学来看。这又说到莫言，以前不是经常说到为人民写作吗，莫言说我不是为人民写作，我是作为人民写作，我就是人民嘛。我觉得这是纯正的文学趣味和文学观。为人民写作，为历史写作，为什么什么写作，都是扯淡。

嘉映：我替布鲁姆或这一路人辩护一句，我觉得他们不是那个意思——把文学看得多高什么的，而是说文学就是在不断地变化。比如说荷马，那是文学吗？在希腊，它就是《圣经》，大家凡是谈论什么问题一定引用《荷马史诗》，把它当作这个民族的传说，当作生活的标准，等等。我们现在说的文学，特别是小说，大概在十九世纪，的确有一个很特殊的地位，有某种文化中心的地位，这个好多人研究过。到了二十世纪，整个情况就变了，最重要的一条线索是媒介在变。我们知道小说的兴盛跟印刷术大有关系，就是便宜的纸张、便宜的印刷，否则哪能那么多一大堆一大堆长篇小说被印出来？另外一个，跟中产阶级妇女有关系，谁在读小说？就是安娜·卡列尼娜那些人在读。平常的人、打仗的人、上班的人，谁有时间啊，读者就是跟这个"有闲阶级"有关系。到二十世纪特别是下半叶，情况当然变了，首先当然是电视的出现，还有其他，然后就是互联网，另外就是根本没有一个文雅的妇女阶层了，等等等等。总而言之，它不是把文学看多高什么的。

狗子：简宁你刚才说这个写作，为人民也好，作为人民也好，文学反正一直在那儿，就像以前人群中总有一些说故事的人，那现在情况变成这样，说故事的人要还像以前那样说，人群就不听或听不懂了。还是拿莫言举例子吧——虽然我没看过，姑且这么举——要还是莫言这路的文学那就只能给教授什么的看了，跟人群没关了。

嘉映：莫言的读者相对来说还是非常广大的。

简宁：要从读者广泛性上来说，莫言的广泛性远远大于你们这一路啊。我的看法可能更简单一点儿。是，我们不一定按照莫言的路数来写作，比如我现在写微博，实际上有点儿在当成一个小说在写，有时候讲一点儿自己的生活，有时候讲一点儿别人的生活，我是作为一个叙述者在工作。但在过去，除了山洞里讲故事有一种互动的情况，后来当作家开始写东西的时候，互动已经取消了，我觉得这就是一种形态的变化。文学内质的东西没有变化，比如虚构，比如想象力，比如对当下生活的解析和超越，这不是说非得印成长篇或者短篇才行。我觉得文学的质的东西，只要有人在，它就会有，不管媒介变成什么，像现在大家都在拍电影、写微博……

嘉映：那你是不是在说现在的文学性主要体现在电影上、微博上？那么那些说文学死了的人也是这意思啊，他不是就在说文学的某种形态死了吗？他说文学死了就是指一种形态，其实和你说的意思差不多。

简宁：不一样，我觉得对叙事艺术的需求永远存在，用语言来叙述的需求永远存在。我绝对不相信影视的兴起就使得人们不看书了——当然可能不看纸质书了，电子书有可能完全代替纸质书。

狗子：我同意对叙事的需求会有，我想说的是越来越多的人会通过影视和网络来表达和接受，而不是通过小说。

简宁：这有可能，比如莫言之所以在大众中有那样一个知名度，跟他的小说改编成电影《红高粱》有关，苏童也是这样。就是说，以前说诗歌在文学中的地位像科学中的数学一样，那文学也有可能退化成艺术种类中的数学，这个完全可能。还有，文学会隐藏式地存在于其他艺术门类里——网络也好、电影也好……比如，网络小说家跟莫言有什么差别？在我看来差别远远没有那么大，只不过对质量的审查不一样。这边写多少字堆到网上，那边通过出版社编辑的审改，弄出一本书，最后这两种产业会靠拢的。最近有人跟我说，起点中文网办不下去了，就是说，如果你的原创不行，你的市场也会消失。我们不能以一种谄媚的态度来对待今天所有的现象，我的这个"谄媚"不含贬义，是形容一个姿态，就是说网络这些现象本身也是在流动变化着的，我们要研究这种变化流动的总趋势。比如像网络小说家，他可能就是下一个莫言啊，他做的工作跟莫言没太大差别，无非一个用笔写一个用键盘敲。

嘉映：我有点儿怀疑，不过我没看过网络文学，我不知道。

简宁：现在不少网络小说家很厉害，比如莫言一本书卖得再好，五十万册到头了。网络小说家不是，比如《诛仙》从一写到七，出成纸质书，本本畅销，完全是海量，跟《哈利·波特》是一个意思。再有我相信阶层观念，网络小说家最后也会分成一二三级，形成一种等级制。

嘉映：说到这里我插一句，以前我们说有阶层，是说读者有阶层，不是说作者有阶层。首先，读者的阶层不一样，高等级的人在读，就把作家抬起来了，这个作家也成了高等级的作家了。现在你说这个作家阶层基本上就是靠印数或者粉丝数量来划分，就是看谁的作品读者多，因为读者的社会阶层本身已经被打破了。第二，就是刚才狗子说没看过莫言，简宁说没看过谁谁谁，你们两个还都是作家呢，而且还是要好的朋友，但你们的阅读基本都快没有交集了，那且不说别人了。现在除了文学教授和特别少的读者是广泛阅读，其他人基本上就是喜欢读一路东西就读这路东西，阅读没什么交集，没有共同文本了。所以以前你用阶层来讲就比较合适，读者的区别主要是在阶层上，现在就是讲爱好，我们这种人就读这个，你们那种人就读那个。我说得可能有点儿夸张。

简宁：我不知道国外是怎么一个情况，我觉得国内存在这种情况，比如，狗子你是不是碰到体制内的作家就不读了？

狗子：其实我不太关心体制内体制外，我个人的情况就是，这些年文学类的东西读得就少，哪怕所谓体制外的写得好的并且还是朋友的，比如曹寇，我认为写得非常好，也不会一篇一篇接着读下去，往那儿一放就好久。

简宁：外国小说呢？

狗子：以前看得多了，这些年也是看得少，也许这跟这些年的翻译也有关吧，当然这可能是借口。

嘉映：现在的翻译不错，我觉着。

简宁：有些还行，但总体上比原来那帮翻译家差多了。

嘉映：那你不能跟五六十年代比。那时候翻译家拿着国家的工资，这又是爱好，本来解放前，他是那么高的人物，解放了也不让他干别的就让他弄翻译，反正五年也是它，十年也是它，在爱好中就那么慢慢磨，出来一本是一本，一共十来年可能就翻了那么几本书。现在你半年出的书肯定比那十几年出的多，当然不能比。

人人都是作者，但没有读者

简宁：这个呢，还有一个原因，就是供应的过剩，过剩使人餍足。我就想起我儿子小时候，我让他看书要逼着，他痛苦得要死。但我们小时候看书是享受，我是在农村长大的，那时候地上捡个纸片儿也扒拉着认半天，就没书。我儿子呢，从一出生起，家里堆的都是书，电影也是一样。记得多丽丝·莱辛的诺贝尔获奖演说词，讲的就是非洲的一个小女孩，捡到一本没头没尾的《安娜·卡列尼娜》在那儿读，就讲阅读的奥秘。我们这个所谓的后工业时代，精神产品的供应超级过剩，导致了另外一种贫乏，这是一个现实的情况。

嘉映：对，昆德拉不是讲吗——这话也是七十年代说的——我们每一个人都是作者，但是，唯一的问题就是没有读者。

狗子：现在基本上人人都能写作，都能在网络上发表东西，所谓的自媒体……

嘉映：所以我觉得网络是一个特别大的问题，简宁说网络文学是一种继续，我个人不这么看。我对网络不是特别了解，所以我不太敢说，但是我觉得有一些很根本的变化，比如我认识的年轻人基本上都是网络阅读，他们基本不怎么能够理解纸质阅读，而我呢，读网络觉得特别累。通过跟年轻人的交谈，我有一个非常突出的感觉，就是网络阅读有一个突出特点——它是信息化的，就是说他在读里头的信息，而不是在欣赏；纸质是那样一种欣赏中的阅读，这个东西网络阅读似乎没有。

狗子：在网络上，写作、发表没有任何神秘感，轻轻一点就完事了，这样一种活动不再被赋予一种荣誉，让人可以在里面去追求甚至奉献，因为它的光芒已经没有了。当然也未必是坏事。

嘉映：把生活的意义甚至一生的意义都投入到一种活动中，觉得非常充实，这样的东西的确在消失。你想想十九世纪在欧洲，或者我们五六十年代，那时候一说"作家"，大家都用什么眼光看啊，现在你一说"作家"，那啥玩意儿啊……

简宁：王蒙说过，以前作家在王府井都走在路中间的，现在都走在边儿上。

嘉映：对，王蒙肯定会有体会，因为王蒙当时扛着这个"作家"的头衔，可不得了，吃香的喝辣的。

狗子：以前，中国文学是有梦想的，其实在欧洲也是。就我读的那点儿文学史，文学一开始就是有梦的，它在塑造现代生活、现代观念上非常有用，权力也愿意借助于它，这还不是说那种坏的权力，而是启蒙、民主、人权这些新型的意识形态，都借助于文学。但今天它没有这个用处了，这也是文学萎缩的一个原因，文学变成一种自娱自乐，琢磨在字词上怎么美化之类。

简宁：有点儿像晚清的诗歌。

嘉映：晚清诗歌是一个特别好的比喻或者联想，晚清就是有作者没读者，所有的人都出诗集，哪怕生前没出，死后你儿子一定要给你出个诗集，因为所有的人都会写诗，而且都写得挺到家的。那怎么读啊？以前我们读李白杜甫，到你同时代有几千几万本诗集的时候，你就没法读了。

简宁：作者跟读者界限的消失。

嘉映：比例变了。

狗子：晚清这个现象是怎么造成的呢？

嘉映：这个我没有什么研究，大概就是受教育的人多了，而且大家都觉得这是一个好的活动或游戏。这跟满人对汉族文化的推崇也有关系，社会安定，文化特别普及，科举制等都特别健全，那么多人从小读四书五经诗词歌赋。还有就是印刷术，在宋代，印刷还是挺费劲的事儿，到晚清的时候，印刷已经非常容易了，家里有俩钱我就能给我爸印个诗集、文集，家家都是，这是一种主要的纪念方式。

简宁：技术壁垒没有了。

现代人的精神生活是怎么被滋养的？

狗子：那你说现在该怎么办呢？未来会是怎样的呢？像我

这样的人有焦虑，但大多数人活得挺好，也乐在其中。像"苹果"就是在这个时代应运而生，人家也有艺术、思想、科技、创造，还在不断创新啊。现在想当艺术家也容易多了，网上的绘画工具已经有了，想拍 DV 电影也容易多了，人人都可以在自己感兴趣的方面尝试，每个人都在不断开掘自己的潜力，发展自己的个性。今后人们又会需要什么呢？

嘉映：我先最初步地回答一点，就是，如果我们教育孩子，就让他去学"苹果"的设计。我们自己已经来不及了，我们抱残守缺就干上那个夕阳产业了。

问题的另外一面呢，就像你所知道的，我经常讲过去哪些辉煌的东西正在消亡，为什么讲这些？一个回答是这样的，首先，我们不可能再回到过去。这是我的断言；第二呢，其实我们也不见得真的想回到过去，这点我跟很多人的想法不一样，他说过去这好那好，我说过去有很多好东西，但也有很多坏东西呢，要真回去可能没有几个人能受得了。那么我们还谈过去那些好的东西是干吗呢，用一句最俗的话说就是：我们是想创造性转化。就是并不因为有这些好东西的时代过去了，我们对这些好东西就没感觉了，或者只是把它们当作博物馆的东西在缅怀。只有我们知道过去那些辉煌的东西是怎么产生的，才会更有助于我们知道在现在的情况下有哪些产生辉煌东西的可能性。现在做电影的人依然在读古典的作品，做"苹果"的人依然在读古典的东西，那些伟大的科学家在读柏拉图和亚里士多德。做现代艺术的我也认识不少，像邱志杰啊，徐冰啊，他们一说起来，米开朗琪罗还是不可逾越的，他在他那个时代产生的辉煌，也是我们面对现在世界的时候需要汲取养料的东西，并不是说现在世界变了，我们就哀叹一下，诸如此类的，我们想要知道那个东西是怎么产生出来的，然后又为什么衰微了湮灭了，我们想知道的是这个。

狗子：那现代人是一种什么样的精神生活啊，现代人的精神生活是怎么被滋养的？

嘉映：就刚才讲的网络啊，等等。以前读者分成阶层，这构成了我们怎么来阅读，滋养我们的精神；以前也有共同文本，一则以前我们有的文本就不是太多，另外由于读者是阶层化的，它会不断地选择，最后集中到一些文本，像中国有一个传统西方有一个传统。现在我觉得这个东西就瓦解掉了，这之后你要想去恢复这种阶层式的东西，我个人认为是一种对大势的不了解。失去共同文本或说这样的传统之后，一个非常明显的后果就是你不再能够追求一种主流的东西，当然你可以说把我的东西做成销量大的。没有主流就变成什么样子呢，就是我们要接受一种新结构，一种一环套一环的社会结构。狗子、阿坚、张弛这些人，他们构成一个价值圈、文学圈、爱好圈，这个圈又会跟别的圈套着。不是说就咱们八个人定好了就读咱们自己的，但它的确是养成了一种趣味、一种爱好，他们也有他们的读者，年轻人里有那么一批可能就读他们这路的，甚至觉得他们才该得诺贝尔奖。然后呢，他们跟其他的圈子就要有一种开放的心态，不是说要成长为一种主流，诺贝尔奖什么的根本就不是目标，你的目标就是把你这套做好。

简宁：比如我吧，我跟阿坚的生活包括生活观都很不一样，但我的生活中要是缺了阿坚，包括他的作品，那我就觉得问题太大了。阿坚从来都是我的生活的另一个向度，好的文学作品就是能打动圈子外的人们。

嘉映：我觉得好的不管什么东西，都不能只在圈子里，就是说，你是左派，我是自由派，你左派的那个观点能够让我自由派觉得有力量，虽然我永远不会是左派，但你左派的观点要好到虽然我跟你的观点永远不同，但在一定的意义上，我还是认你。

简宁：你说得非常好，其实这就像卡夫卡说的那样，一本好书，应该像一把斧子一样，破开海上的冰面。

狗子：那么接下来的问题是，这是一个扁平化的世界也好，一个圈子套一个圈子也好，因为这样的现实，是不是就很难产生真正的好东西？

嘉映：这个我大致会这么说，就是这个"好"的标准，我们可能要调整。我们以前那种"好"的标准有两个，一个就是我是主流的，一个就是我将成为主流的。比如马克思反对以前的整个的哲学也好社会观也好，那么他当然在期望，他这个将成为主流。

简宁：彼可取而代之。

嘉映：对，彼可取而代之。比如说文艺复兴，它是一个革命，这个革命就是说它将成为主流，拜占庭艺术将成为过去。现在没有主流，反抗主流也不是为了成为主流，这是一个特别巨大的转变，而且我说应该有这个转变了。我觉得二十世纪下半叶——在艺术上这个变化更早一些，大概在十九世纪末二十世纪初——大家开始有意识或无意识地放弃这种东西，反抗或者说边缘化自己，不再是成为主流的前奏。边缘化就永远边缘化了，好的标准就不再是得诺贝尔奖什么的，如果我们这圈人觉得好而且有辐射力，它就是个标准，是不是对全人类好这不是我们的问题。

小说和诗有点儿像地图。

狗子：这次谈话我还想聊另一个问题，刚刚也提到了，就是随着年龄的增长，小说或者说文学看得越来越少，而且这似乎也不仅仅是我个人的现象，我周围的朋友，过了三十或四十以后阅读兴趣就从文学转到历史、哲学、宗教之类。我想问这是环境使然，还是人生的阅历或人的某种本性使然？还是两个都有？

嘉映：我倾向于认为主要是本性使然，环境因素可能也有。这个事儿多少代多少代就有人说过，就是年轻的时候，谁不读点儿诗读点儿小说，然后到三四十岁之后，很多人小说诗歌事实上不读了，或者读的话兴趣也不大了。我不是说每个人都这样，但这确实是一个相当普遍的现象。我觉得文学作品的主要受众是十几岁到二十几岁。当然这里面要做一个区分，一种是年轻人有一种"精神追求"，这种精神追求包括小说诗歌也包括哲学什么的，到三四十岁之后没这个精神追求了，所以他啥都不读了；另外一类才是狗子的问题，就是他还是在读，但读的那个东西在转变。对于后者，最早我有过一个比喻，我觉得小说和诗有一点儿像是地图，年轻人进入人生，就像我们到了一个陌生的城市一样，不知道是什么样子的，那文学作品里有各种各样可能的生活，就像地图一样告诉你故宫在这儿颐和园在那儿。四十岁的人呢，就像我是这里的一个居民，出门基本上是不带地图的，哪怕我不知道路，我也知道怎么问路。

狗子：从这个地图的比喻来说，一般的人——我指不从事文学创作的人——他不需要地图也就罢了，反正他熟了，但你要是一个创作者呢？你读不进去文学但你还要接着写，这会造成什么状况呢，包括艺术家？

嘉映：我说一点儿非常个人感受式的东西，可能是站不住脚的，就是有一些个别的人物，他的那种感受力和创造力特别伟大，乃至于他哪怕不知道人家在干什么，他干的那个东西本身也是谁都没干过的。大多数人不是这样，所以我有时候会说，你觉得你在创造只不过因为你阅读太少，你以为你想出了好多新道道儿，其实你一读人家早写过了。艺术家、电影家也是这样，大多数人得知道人家在干什么，这样才有助于知道自己干的东西有没有意义。但的确有个别人是例外，他啥都不用知道。

简宁：萧红就是，莫言也有点儿，他读的东西肯定没我多。

嘉映：在哲学里，维特根斯坦就是，当然他说来比较复杂。但是这还得分不同的情况，你一个设计师不能不看人家的设计，除非你是大大的天才。

狗子：这种人肯定是极少。

嘉映：对，我觉得从历史上看是极少，但你可能就是其中一个。

狗子：不不不，我最多算从业者。相对于天才，作为大批的从业者之一，我不阅读就接着在那儿写，会不会就是一种吃老本，或者重复自己、原地踏步？

简宁：我觉得一个小说家阅读不阅读小说不是特别关键的事情，我记得里尔克说过，"从一个城市到另一个城市，为了寻找词语"。当然他说得挺隐喻的，大部分的成熟作家，最高的风景已经看过了，这个时候再看小说不是最重要的，寻找词语寻找感受才是最重要的，所以你在这个上面的焦虑大可不必。

鲁迅带来的毒素大于营养。

狗子：简宁你有这种感觉吗？你好像读得挺多，这是不是跟你做出版有关啊？

简宁：我现在读文学作品比以前可少多了，但相对来讲还是能读；还有一个，我在阅读上有一个倾向，就是不太能读理论性的东西——当然硬着头皮能读一点儿，比如鲁迅的书，我只读小说，其他的我都扔了。

嘉映：鲁迅的杂文简宁都觉得理论性太高了，他是特别讨厌随笔这类，认为就是小议论。

简宁：我是比较烦那个东西，我觉得那个不重要，一个作家这类事儿干多了肯定伤害他的创作，比如鲁迅，我觉得就不应该写那么多杂文。

嘉映：对，这话他说了一千遍了。

简宁：对啊，他不写那么多杂文，多写点儿小说，就会伟大很多。

嘉映：他那个《中国小说史略》一类的呢？

简宁：那是他的一个学术工作，可以做，也可以不做，因为这些事儿别人也可以做。我就觉得鲁迅没把《杨贵妃》写出来，这是一个重大的损失，因为他一直在构思嘛，写那么多杂文跟那帮人扯什么淡啊。

嘉映：他说着说着就从理论和作品转到杂文，他恨杂文，他是"杂文恨"。我不恨杂文，但我也不喜欢一类杂文，就是所谓"美文"。

简宁：还有啊，我现在特别烦人们谈两个人，一个毛泽东，一个鲁迅。

嘉映：我不知道烦了多少年了，鲁迅我不烦，但是谈鲁迅我简直是烦透了，《鲁迅全集》我是读下来了，但我写东西基本不提，就是因为烦人家老提鲁迅。现在中国几个大人物都是研究鲁迅起家的，比如钱理群、汪辉。

简宁：还有啊，我现在真觉得鲁迅思想里面有毒的东西远远大于有营养的东西。

狗子：哟，这还是头回听说，说说。

简宁：比如他看人看事那么刻薄，比如他对国民性的批判，那完全是一种虚无缥缈的说辞。

狗子：可你看别的作家，可能他那个时代过去就过去了。但鲁迅，咱就说国民性批判这个，现在中国每发生点儿什么新闻，你回头一看鲁迅那国民性批判里都有，你没这个感觉吗？

简宁：那是大众都错了，这是大众思想水平低造成的啊。我是觉得这语境岔掉了，本来我们应该有很多更正面更积极的思想，在二十世纪经历了这么多事儿之后，留下来给我们今天提供一个参照。但现在动不动就提鲁迅，比如方舟子和韩寒吵架也扯到鲁迅，我就说方舟子可笑得要命，你以为鲁迅提起来是多么光荣的事情吗？

狗子：我们一直还没有更有力的思想家可以用当下的语言来总结评论当下的事情，你是这意思吗？

简宁：不是，我就是说鲁迅的有害性，比如一个人不读鲁迅，肯定这个人要好得多。

嘉映：哈，你说的这些我基本上全都不同意。第一，说国民性批判，二十年代个个都在批判国民性，像梁漱溟这些少数几个不算，其他比如陈寅恪、郑振铎这些人，那话说得都比鲁迅要粗暴多了，鲁迅是很尖刻，但在当时实在不能算什么，而且他的批判更有力量，所以后来的人就不断地发现鲁迅的这些批判。第二，说他刻薄呢，我也有点儿同感，但是另外一方面，林语堂倒是不刻薄，是吧？但问题就是，刻薄的作家太少了，尤其是刻薄在点子上。

简宁：嘉映，这个话题我想了很久。我是觉得从新汉语产生以后，恶的方面的发育非常茁壮，到文体文论这儿，以至于到我们今天的日常话语里面，我们骂人的话一串儿一串儿的，脱口而出，但是当我们要赞美的时候，没有词汇，或者就说得特别可笑、笨拙。

嘉映：我们换成英语，It's my honor（这是我的荣幸）。

简宁：这是一个新汉语本身的问题，而这些问题，那些二十世纪的人物是要负责任的，这是由于他们思想的贫瘠和视野的狭窄，所以二十世纪小说家里我对老舍和沈从文的印象要好于鲁迅，鲁迅的这种寒毒，包括他对朱安的那种残忍，让我不忿儿。再一个，从 1900 年义和团到辛亥革命到国民革命到共产党革命，这是一个大革命潮流里产生的东西，那么到二十一世纪，我们起码要对革命有警惕的意识，因为革命破坏得太多，建设得又微乎其微，起码在精神的世界里是这样。

文字时代的落幕?

狗子：我们还是再回到关于文学衰落的话题。我觉得在这个互联网时代，与以前信息交流不发达的时代比，现实比文学更有想象力。以前可能每天周围就是那些事儿，要是在村子里可能天天都是如此，很平静，不知道外面怎么样，不像现在，每天电视、互联网上的事儿，连车祸都不算什么事儿了，全是那种所谓特有想象力的事儿在你眼前摆着，就是现代人可能每天身边都是一些差不多的琐事儿，但他又生活在"911"这种事儿就在眼前发生的时代。

嘉映：在这个意义上我有点儿同意，文学的确是有一个讲故事的功能，而这个故事呢，很大意义上就是讲一个异族的故事，讲一个古代的故事，讲一个在另外一个地方发生的故事，在这个意义上，当代这种信息传播方式是对文学虚构造成了一定的挤压。以前我住在一个村子里，听啥故事都挺新鲜的，现在，在这个意义上的新鲜感，还不如看新闻呢。

狗子：但你好像觉得这种对艺术创作的虚构，没有太大或根本的冲击？

嘉映：不一定没有，到二十世纪有这么一个很普遍的现象，就是在文学界有所谓"作家的作家"，在我们哲学界也有"哲学家的哲学家"，比如会把维特根斯坦叫作"哲学家的哲学家"。电影里面就是先锋电影，可能艺术青年看一点儿，我们这种老百姓真是看不了，然后谁看呢，好莱坞的那些大片导演，斯皮尔伯格这些人看那东西，就是它是给那个电影界的一些人看的。这个情况是到了二十世纪才有的一个根本的变化，以前并不是没有，但这个提法二十世纪才提出来也不是没有道理。以前呢，艺术技法的发展是在为老百姓写东西的过程中发展的，我的意思是，像莎士比亚、托尔斯泰那种作家，他们是为各种人写的，所以他那个技术的发展直接就用在了那个最基本的功能上，比如讲故事的功能，他由于要讲这样的故事就发展这样的技术。一直到文艺复兴都是这样，文艺复兴对技术的追求太多了，像对颜料的研究，发现一种新的颜色，发现一种新的固定颜色的方法，达·芬奇他们都干这个活儿，不断地实验，但他最后都是为了要给教堂或给谁画个画，技术跟目的是结合在一起的。

但到了二十世纪，这种技巧性的东西被抽离出来了，单有了一种为技巧而技巧的工作。小说家本来讲故事的这部分，有可能空间被挤压了，有点儿像有了摄影术之后，原来画家画一个人物肖像的单纯目的就被挤压了。

简宁：就是一部分内容的消费需求减少了。

嘉映：对，所以他的艺术追求有时候就会变成一种纯艺术追求，它没地儿落实去了，就先把艺术这块儿做出来。

狗子：我是想说，小说的领地越来越小，那么简宁说小说依然有很多可以表达的，我猜嘉映可能想说依然有无限可以表达的，那么这些可以表达得越来越成为写作圈里的交流，而大众对这样的文学或说文学虚构的需求没有了，大众对故事啊虚构啊的需求来源于影视等其他形式了。

简宁：小说可能还好一点儿，诗歌可真的是变成了圈子里面的事儿，诗人之间互相阅读。小说相对还挺接地气的，还是有好多圈子外的人在读。

嘉映：就我粗浅的印象，我有时会说，诗歌有点儿像哲学，一方面是大大地被压缩了，尤其跟诗歌的全盛时候比；但另一方面它是不是被压缩得那么小呢？我也是瞎说啊，就是诗歌有很多爱好者，不爱好的人不读了，企业家不读了，金融家不读了，但是读的人是谁呢？

简宁：诗人之间。

嘉映：对，成功的诗人和想成功的诗人，或想成为诗人的人，依然很多。

狗子：我的意思是，小说和诗歌还不一样，诗歌有一个诗兴，有点儿像喝酒有一个酒兴，而小说不是，小说更强调讲故事给别人听。你可以说诗兴大发，酒兴大发，但是你没法说"小说兴大发"，这"小说兴"算什么东西呢，一人要是"小说兴大发"算怎么回事儿呢？

简宁："小说兴"就是叙事的兴致，以及虚构。我小时候不知道"小说"这个词，我在农村长大嘛，村里来了说书先生，那可是一个村庄里的胜景，这个东西就是你说的"小说兴"。我还专门写过一个短篇小说叫《插曲》，就是写的这个。我觉得，问题是"小说兴"是个什么东西，而不是有没有"小说兴"。我个人的一个解答是，它是一种对生活本身的超越，就是每个人对个人生活的一种超越的叙事，里面还有跟自己的经验的比较、反省。

狗子：这我承认，但是比如这个说书的，很容易就会被电影放映员给代替，诸如此类，但是诗兴好像更不容易被代替。

简宁：代替得太多了，诗人早就被挤到旮旯儿里去了。

狗子：但被挤到旮旯儿里他们还是有诗兴，或者说还可以挺自足的。

嘉映：我觉得狗子是不是有点儿那意思，就是说酒兴可能跟其他人一点儿干系都没有，小说恐怕不是那样，它不是咱们这八个人，张弛啊，阿坚啊，你看了好我看了好就完了，它总还是对这个圈子外面的人在说话。刚才讲到小说有社会功能啊这些，狗子是不是还是有点儿这个旧的想法，就是这小说要是没有社会功能了，写它干吗呢，对吧？它又不是诗，他意思大概是你要是诗人也罢了，它没社会功能咱们哥儿几个高兴也行。小说这东西它不是那么乐的东西，它不是一个可以为艺术而艺术的东西，不是一个兴致来了就那么一写的东西，它别的社会功能先不说，总是要讲个故事之类的吧，要告诉人一种生活状态吧。

简宁：你就写你的生活状态呢？

嘉映：但如果没人看这种状态不就没意思了吗？

简宁：曹雪芹会想这么多吗？他写那个东西给谁看呢？他好像不太想这样的问题，古代人好像天然就有一种藏之名山的想法。

嘉映：这个是这样的，古代人"藏之名山"的想法想得对，因为事实上是，哪怕你一代人不读，没关系，只要是好东西，下一代或下几代的人一定会读。我觉得现代人就得换个想法了，这里我们不能沿袭古代人的想法，他那么想对，你再这么想就不对，比如你的作品要是现在没人读，可以保证，下一代人更不读，再隔一代就更没人读了，所以说好多想法是要变的。

简宁：你是说曹雪芹可以不困惑这个事儿，但狗子要困惑这个事儿？

嘉映：对，因为曹雪芹还生活在典型的文字时代，我个人喜欢讲我们所熟悉的时代是"文字时代"。我认为这个太明显了，更以前我们生活在口传的时代，《荷马史诗》就是口传的，我们的《诗经》也是。雅斯贝尔斯所说的轴心时代，就是文字开始传播的时代，在那之前也有文字，但那是一小撮人作为秘密保守的。我们的诸子百家，人人都知道，就是所谓"王官之学"散失进入民间了，就有了我们的诸子，大家开始——所谓大家仍然是一小撮精英——掌握文字了。后来这两千多年都是这样，在中国最突出。简单说，我个人认为现在是文字时代的落幕。文字时代的一个特点是有精英，有文化分层，因为文字掌握起来不容易，要掌握得好写出好东西更难，那么就形成了一个精英的写作圈子和精英的阅读圈子，然后再一点点到大众。在西方，大众是没文化的，在中国，大众也有点儿文化，但精英就是我们的士大夫，就是我们文化的核心。

今天变成了一个图像的时代、影视的时代、网络的时代，突然我们能够在电视上看到图像了，我们能够在录音里头听到声音了，这个古代人是无法设想的。以前美国总统竞选就是靠报纸报道，只有那些读文字的人知道这些竞选的人在辩论什么，后来有了 radio（收音机），老百姓开始听见总统说话。你知道罗斯福的《炉边谈话》——好像是一周一次——他就坐在白宫里在壁炉边通过广播直接来影响老百姓，他是广播媒体的第一个总统。肯尼迪是第一代的电视总统，尼克松在自传里写到，他跟肯尼迪竞选总统，上电视辩论，当时大家对上电视都不太了解，肯尼迪的形象比较好，尼克松苍白憔悴，辩论辩论着汗下来了，结果变成很傻的一个。这有点儿像回到古代，比如罗马的执政官，他直接的形象和声音要在场，他做的判决才算数。今天又是这样。

现在广大的群众直接面对图像和声音，文字的力量是完全无法对抗的，而这样的图像和声音是面对所有没文化的群众的。当然今天人人都会读了，不过，这在整个世界都不过是几十年之内刚发生的事儿。从前，会阅读一直都是"读书人"的事儿，更不要说写了，写个状子要找秀才，他靠会写字就能过日子。几十年前还是这样，而且不仅中国是这样。我觉得讨论文学，你们讨论得更专门一点儿，这没问题，但还有个 background（背景），在很根本的意义上，我们的精神形态在改变。

艺术家最早欢呼新世纪的到来。

狗子：刚才聊了文学在当代的境遇，那么其他艺术门类的境况如何呢？

嘉映：我觉得有好多相似之处吧，但当代艺术的变化要更大，而且艺术的社会地位变化也特别大。在二十世纪之前，诗人、小说家有时候是跟思想家相提并论的，而艺术家一直被看作工匠类型的，甚至在文艺复兴时代，并不怎么被认为对人类生活的意义有多重要，还把艺术家和艺术看得挺附属的，艺术家自己也这么看。到文艺复兴之后，特别是十九世纪之后，艺术才被人类意识到是特别重要的，才被看作跟宗教、哲学、思想一样重要，这时才有艺术哲学啊什么的，你看亚里士多德不写《艺术哲学》，写《诗学》。但到二十世纪之后，很多人都在说艺术引领精神潮流啦，等等。

狗子：你在艺术方面似乎想得挺多的？

嘉映：想了不少，但第一应该说我这方面看的、知道的不是特别多，第二也想不清楚，但是有些，至少在现象上还是比较明显的。我觉得拿艺术、文学、哲学三个比的话，相对来说哲学变得小一点儿，文学变得稍微多一点儿，艺术变得最厉害了。比如说现在的小说，可能跟以前的小说有一些不一样，或者很不一样，但基本上你还是把它叫作小说，大家也不觉得有什么障碍；但当代艺术跟我们以前叫作艺术的东西差别就非常大。你像邱志杰他们做的那些活动，比如走长征路、在南京长江大桥干预自杀之类，我们也仍然叫作行为艺术，而且也在艺术范围内报道这些，但这跟从前一个艺术家做了什么艺术作品，差别就太大太大太大了。

狗子：好像这个比较激烈的变化就是在二十世纪初？当时是什么样的社会背景使得艺术发生了这么大的变化？

嘉映：先说印象派，很多人说印象派的出现跟摄影有关，但从印象派自身的角度讲，有绘画自身的因素。以前作画呢——包括中国画也是那样——在外头可以写生，真正作画都是在画室里，是在比较恒定的光线下作画。印象派他们开始在野外直接画风景，光线的变化使得风格一下子就跟在室内作画不一样了，比如说调色，他们发现在野外随着光线的变化，树叶不总是绿的，有时是紫的、白的，等等，照这个路子画出来之后，一下子就打破了很多禁忌，然后好多新的可能性就敞开了。像修拉、塞尚、高更、凡高这些人，画的时候就在追逐这些新的可能性吧，凡高的风景画可能就渐渐离开我们所说的风景本身，而是画出他心里的激情，等等。

狗子：印象派之后有点儿突变的意思吧？

嘉映：有点儿吧，印象派之后没过多少年，各种可能性都敞开了，就发现文艺复兴以来的传统艺术只是一条路，而且好像越走越窄。艺术有了更加多种多样的形态，像无调性音乐的出现差不多也在同时。总而言之就是到了二十世纪初，至少在绘画这个领域，你无论如何想象不到在差不多二十年之内，一下子就不再有一个传统了，至少是从文艺复兴以来的传统，那样一个强大的、被整个社会接受的传统在二十年之后就荡然无存了。然后各种流派纷起。

狗子：这跟社会生活的变化是怎么样的一种联系呢？

嘉映：嗯，其实我说的这些没什么新鲜的，在这方面我实在没什么自己的想法。但有一点可能可以说说，就是艺术，特别是美术，这里面有一个观念的变化。在西方的传统中，大多数时候，艺术跟创新没有太大关系，比如古埃及的壁画，它是程式化的，基本上你画得好就是画得像师傅，所以那壁画一千年都不变，一点点都不变。不变到什么程度呢？有些埃及壁画只有通过科学手段才能测出一千年前和一千年后的年代差，艺术史家是无法判断的。拜占庭艺术也基本是这样，艺术家没有名字，就是工匠，谁会想工匠非要留个名字呢，他就是做这个的。一直到文艺复兴，才有要推陈出新的想法出现，但是即使如此，所谓古典主义，比较来说也没什么创新，总而言之跟二十世纪初的情况完全不一样。

二十世纪以后，等于说一个艺术家的生命就是在创新，直到今天你跟那些年轻艺术家聊，他的焦虑、他的野心等都关乎创新，你要是做的东西不是一种新东西，你做得再好，在同行面前好像也有点儿拿不出手，就好像你只是在卖东西，不是做艺术。这是一个很大的观念转变。刚才我们讲到作家的作家、哲学家的哲学家，可能只是圈子里面的少部分人；但我印象中现在的艺术家呢，差不多都是艺术家的艺术家，好像人人都在想着怎么为艺术史创作，他们满脑子都是艺术史。小说呢，可能有的人是小说读得多一点儿，但就算读得多也不见得就有什么小说史的观念，甚至有些小说家不一定读多少小说；但艺术家你非得对现代艺术都在干什么特别熟，否则你做出来的东西发现有人做过了，你马上就没的可说了，这也是当代艺术挺突出的一个特点。他们关心在艺术家圈子里的评价或者艺术评论家的评价或所谓艺术史地位，可能比关心艺术对外行的影响、对外面的人能说什么，要多得多。

狗子：你在《沪申画廊落成感言》中说到当代艺术以及近当代性，有一句话："在我看，物理、伦理和艺术向之聚拢的核心已经爆裂，大爆炸已经发生……"这个核心是指？

嘉映：嗯，物理和伦理呢，我比较喜欢讲那个例子，比如亚里士多德的物理学跟他的伦理学是有联系的，虽然物理学在亚里士多德那里是理论科学，伦理学是实践科学，但它们是连在一起的，这些一直到哥白尼都是那样。比如说，他们来解释为什么天体运行的轨道是圆的，当时没有一个力学的解释，他们的解释是一般的道理上的解释，因为希腊人认为圆是一种最佳的形状——我们汉语里也有这个意思，比如"圆满"，这是跟直线相对而言的，因为直线是通向无限的，希腊人的观念中通向无限的东西都是坏东西，而圆呢，它一边在运动，一边在回归自身。这跟我们的伦理观念连在一起，至少古典的伦理观念是这样，就是不管我追求到什么，我都不能丧失自我，都是对自我的一种回归。无论一个人也好，一个社会也好，发展都不应该是线性发展，不是说你越来越有钱越来越有地位越来越有什么，它不是一个线性的发展，而是你的每一步发展都是向自我的回归。圆这个运动你能看到它是永远环绕着自身也就是圆心，所以圆的运动是一个圆满的运动，也是一个高级的运动，而直线运动是一种低级的、一种破坏性的运动。那么天体当然是圆满的，在希腊，包括中国，任何地方都是，天是一个高尚的世界，那里的运动当然不能想象它是一个坏的运动——我不是说他们对天体只做了这么一个解释，但这是极强的一个解释，所以，到开普勒说行星的轨道是椭圆的时候，大家很难接受，椭圆还是比较圆的呢，只不过不是正圆，大家就很难接受而且很受震撼。但是其实呢，一旦你把行星轨道设想为椭圆的，好多天文数据就都合上了。几千年来，人们什么都想到了，日心说、地心说都有人提过，但是从来就没有人想到或提出行星轨道不是正圆的，就是因为希腊关于天体运动是圆形运动这个观念特别深。这个观念在解释天体的时候同时也是个伦理解释，在希腊人想来，世界是连成一片的，就是你不能说这道理对人有道理对天体就不适用，那这道理就还不是根本的道理，最根本的道理是什么都管的。

在那些时代，任何一个精神领域都是相通的，从某种意义上来说，一直到二十世纪之前，人类的精神世界不管它实际上是多么多元，甚至分裂，但在一般观念中，精神世界是个大的统一体，有个核心。这应该是个根本的想法，古今中外都是这样。但是我觉得到二十世纪没有这回事儿了，没有一个大家往一个中心聚拢的事儿了，就是爱啥啥了，就是道术为天下裂。这种分裂、裂变也许正是当代的艺术精神吧。在二十世纪，开始有人说艺术领跑世界，领跑精神世界，艺术家最早接受或者欢呼新世纪的到来。

政治：不关心政治是正常的吗？

话题参与者：狗子 嘉映 简宁 周濂

2012 年 11 月 12 日

你不关心政治，政治会来关心你？

狗子：今天我想谈这么一个题目，就是"政治在个人生活中的位置"。

嘉映：我觉你这题目定得挺好的，你要泛泛地讲政治，太宽，跟你个人兴趣也不在一块儿。谈谈政治在个人生活中的位置，政治跟个人生活的关系，至少算有个着力点。

狗子：而且简宁对政治好像一直很感兴趣……我首先想问的就是，为什么简宁或我周围的许多朋友对政治那么有热情，而我却没有？尤其这几年，大家的政治热情好像越来越高了。

周濂：那你为什么觉得政治在你的生活中不是那么重要？

狗子：我好像从小就对政治不是特有感觉，更谈不上投入，你比如八十年代有些事儿，我也跟着起哄，但就是没有像别人一样的那种感同身受的切肤之痛甚至流眼泪。细一想，我也有过那么两三次还挺受触动的……再说"911"那次，当时正在酒桌上，喝了一夜，稀里糊涂也不太清楚怎么回事儿。早晨回家一听广播，当时就觉得，哎哟，这事儿怎么那么大呀。那个触动其实对我来说好像主要从那几个"恐怖分子"的角度来的，我们在这儿喝大酒，但一直有一帮人在干着这样的事儿……

总的来说，有几次我的政治激情好像被挑逗了起来。但多数时候没有，好多朋友确实是老说些十八大啊、重庆啊什么的，有时候说着说着他们就义愤填膺，那种义愤填膺对我来说好像挺遥远的，但以我对这些朋友的了解，我相信他们中很多人是真诚的。所以我就是想问，这种政治热情，是每个人天生就不一样吗？人跟人怎么在这方面会有这么不同的反应？

周濂：那我说说我自己。十五岁那年，因为身处浙西南的一个小城镇，对信息的掌握非常片面，着迷于学生面对领导人的不卑不亢，那种英雄气概特别刺激我们这种小孩子，肾上腺素就开始往上飙，以后，整个舆论风向就开始往一边倒，我的思想就紊乱了，不知道到底是谁对谁错。然后到了1991年考入北大，到石家庄陆军学院军训完一年再回到北大，记得那时候我还挺热衷于讨论姓社姓资的问题，也去读什么《共产党宣言》啊、《1844年经济学哲学手稿》啊，大概有一年的光景，每周六在哲学楼二层会议室，我们同学还有老师会讨论，读文本，我还记了很厚的一本笔记。那段时间好像是政治激情的总爆发，但很快就过去了，也许跟整个社会氛围有关。比如1994年北大推倒南墙，那时整个社会风气就是去政治化，商业大潮就把所有人卷走了。我自己对政治也不是那么上瘾了，更多的是去读一些纯哲学的东西，当时觉得搞政治或搞政治哲学——那时候对罗尔斯也不了解，这些都是形而下的，比较没有智力含量，不那么高深和吸引人。九十年代末期的新左派与自由主义之争重新吸引了我的注意，但算起来要到2002年，我去香港中文大学读博士期间才真正开始研究政治哲学。博士选题本来打算做海德格尔的《康德书》，就是海德格尔对康德《纯粹理性批判》一版演绎的解读，这是纯哲学的问题，与现实经验没有什么关联。同时，我对现代政治的正当性问题非常有兴趣，很想从理论上澄清这个问题，最后决定跟石元康先生研究现代政治的正当性问题。

嘉映：石元康是做罗尔斯政治哲学的。

周濂：对，他是香港学术界最早做政治哲学的。我博士一年级选课，正好也是跟他读哈贝马斯的《沟通行动理论》，然后身边有一些朋友，像周保松、邓伟生等人，也在一起办读书班，读罗尔斯的《正义论》。

嘉映：现在我是听坊间传，叫作"南北二周"，北方周濂，南方就是周保松。

周濂：这个瞎扯啦……反正我觉得自己做政治哲学是有点儿机缘巧合的。我曾跟朋友说，当年我身上，民族主义倾向甚至某种程度上的国家主义倾向都是存在的，但在写作博士论文的过程中，逻辑上硬生生把我逼成了自由主义者。虽然直到今天我对社群主义还是怀有很多的同情，但是自从写完博士论文之后，我发现自己在政治上首先是一个自由主义者。后来因为一直在做政治哲学，接触的人，读的文献，各种各样的交往都多少与政治有关，政治在我的个人生活中顺理成章成了比较重要的一部分。

嘉映：既然狗子、周濂说到这儿，那我也从个人角度说几句。第一，我们这一代人，总体上说，肯定要比其他各代人都更关心政治，我们从小就是受政治教育，关心国家大事儿，这是从意识形态上说的。第二，从现实生活上说，就是谁都经历过切身的事，比如说"文化大革命"，它不是一个跟个人不相干的运动，比如把你爸抓起来了，把你妈抓起来了，把你哥抓起来了，或者把你抓起来了，这是真实的生活。刚才说意识形态上也很重，就是"匹夫有责"那种，再加上实际生活，尤其北京人，干部子弟阶层，没跑嘛。因此大部分人，对政治的这种关心就是天生的。

这个情况跟狗子可能正好相反，虽然他也是北京人，也是干部子弟，但是年龄小，或者因为他个人的特点。总而言之，我们对政治的关心是比较普遍的，一直到现在。

就我个人来说，常会倒过来想，当时关心政治是明显的也是有道理的，但后来对政治到底有多关心，是成了一种癖好还是一种真实的关心？会这么反思，部分原因是——我们这代人后来慢慢大了嘛，每个人都在干不同的事儿。有的人从事政治，无论在党内还是党外；那大多数人并不从事政治，工程师也好大学教授也好，但那种政治热情还在。有点儿像狗子说的那样，喝酒也是聊它，干什么也是聊它，那么我很早就有一种感觉，就是有时候这东西就变得虚起来了，不像早年还挺实在的。现在无论你是哪种主义，国家主义还是自由主义，好像也就那么说说而已。就我个人来说，因为干这行嘛，哲学本就是个反思的活动，对于自己对政治到底有多真切的关心，我还是有点儿小反思。但是呢，总体上还是比较关心，虽然一方面我跟实际政治离得非常之远；另一方面，我特别好历史，好探讨各式各样的人类生活，人类生活始终就有政治的一维，而且是很重的一维。所以，你不可能说我关心人、关心人类生活而不关心政治，这对我来说不可思议。当然呢，对狗子或许可思议，这就是个问题。那么我跟狗子可能是从相当不同的路径来关心人类生活，我们要是暂时做个小总结或瞎总结的话，你可以说狗子更多的是从私人角度来关心人类生活，我可能更多的是从公共的角度，对历史啊、社会生活啊，他可能不是那么关心人的社会生活。

狗子：对历史我也有类似疑问，就是我周围好多人也是特别好历史，我就没有。

周濂：对狗子的这种态度，我特别想说那句话，就是"你不关心政治但政治会来关心你"。实际上刚才狗子说到的仅有的那几次政治热情，就是这种情况——政治作为一种外力强制地进入你的生活，然后你突然意识到，它其实就在我身边。虽然我们日常生活中吃喝拉撒睡，或者你搞艺术谈恋爱失恋结婚离婚，好像都把政治给遮蔽了，但其实它无处不在。比如说，我在课上有时候跟学生举这样的例子，你喜欢音乐，常常上YouTube（视频分享网站），结果某天开始你只能用优酷。又比如你是个球迷，晚上本来打算熬夜看"欧冠"的，然后上面说要干什么，所有的频道都在不间断地播新闻，你这个球看不了了。政治就是以各种奇怪的方式进入你的生活，也许你一开始毫无政治自觉，但很快你就会意识到，哦，原来我的某些权利或者自由被侵害了。

狗子：嗯，刚才说到关心政治作为一种癖好，在酒桌上，我们也聊体育，也聊政治，甚至都拿来打赌。比如赌王立军，判十年以上还是十年以下，等等。我的意思是，关心政治有时候是不是就跟关心体育一样？

周濂：从心理学上来说当然有可能是这样，关心政治与关心体育，在心理机制上也许是很类似的。有人说政治是老男人的春药，就好像体育是绝大多数男人的春药一样。当然体育更游戏化，政治挺残酷的，但它如果远的话也挺游戏化的，就像大家聊起王立军那事儿的那种津津乐道。

嘉映：对，我觉得这里头有共性也有区别。一个呢，就是政治大多数时候的确可以像体育那样来谈论，我刚才说的那种反省或叫自省，就是我们别都弄成把政治当成像体育那么来聊，聊政治也没什么不好，问题是有些人觉得一天到晚聊政治比一天到晚聊体育，在精神上更优越，这就瞎掰了。

当然，政治要比体育实在，体育一般来说我不关心它它也找不到我头上，但政治的确有周濂说的那种情况，就是你不关心它，它来关心你。我觉得这是自由主义者特别常用的一个论断，但是有时候呢这个论断会变得偏强。自由主义这个话是针对专制主义来说，它要限制你的自由啊，等等。你要是在丹麦，甚至在美国，人的基本权利得到保障，你可以不那么关心政治。当然你会有权利被损害的情况，但也许你可以把它当成自然灾害似的，想办法躲开。我想上网，一开大会它把网封了，那我就不上呗，就像来了场风暴似的，你桑迪来了，停电了，我就不上了，就躲躲。我相信呢，很多人是这种态度，一些政治事件是造成了一些不便，但还不要命。关心政治的人会说，你看由于大家都不关心，结果这个政治就会越来越恶化，"你不关心它它来关心你"诸如此类，但对个人来说啊，未见得是那么明显，他可以说，我不关心政治反正有人关心着呢。可以想象，只要不是特别糟糕，大多数人还是有很大的躲的余地的，这是我的想法。

简宁：我有一点儿自己的经验。还是八十年代的时候，我写过一首诗歌《击壤歌》，就是对古代"帝力于我何有哉"的旧《击壤歌》的反讽。我是从一个农民的角度来写的。我在农村长大，1963 年出生，那时候已经完全公社化了，农民的日常生活实际上是非常政治化的。

嘉映：那当然。

简宁：辛亥革命以前，农民的生活可能没有那么政治化，可能会有一些中央的政策会影响到农民生活，赋税之类的，但总体上，农民的日常生活没有那么政治化。但是到了二十世纪这个革命，一个特征是：把所有人都卷入了政治当中，所谓关心政治，是被迫。你比如说我爸爸，他没什么文化，年轻时候被征兵，当了几年兵转业回家，因为家里很贫寒，他要干点儿什么事儿，我小时候（"文化大革命"期间），老记得他被抓去上那个"投机倒把"学习班，一关关个十几天，他大的事情也没有，但这种状况对于一个农民来讲其实就是政治。

所以我说我们中国人或者说我们这个年龄的人，这么关心政治，是一个被动的结果。所以我写那个《击壤歌》，里面"帝力于我何有哉"，是说人的本性是我们不想关心政治，但是二十世纪以后——我把共产主义也看作中国现代性运动的一部分——中国古代野人的传统，隐逸的传统，道家那种个人主义的自然主义的传统，基本上都被摧毁了，无论以什么方式，所有人都被卷入这样一种政治化的生活中。

我也爱聊政治的话题，这有两个层面。一层是对公共生活的关心，比如王立军这个事儿。我们表面上好像在谈一场游戏，但实际上它隐含了一种联系，就是我们认为王立军这个事儿跟我们有关系。我自己就遇到过，重庆的《红岩》杂志邀请我去开个诗会，我说等你们重庆不那么"红"的时候我再去吧。这个就是说：当我们觉得薄熙来、王立军如果成为中国的一个主导性力量的时候，我们会产生一种真切的预感，就是它会对我们日常生活造成不良影响乃至威胁，这个感受可能是一种想象，但大部分是基于一种过去的生活经验而来的判断。所以像狗子这样的，我觉得是一种感受力的问题。他过去的生活，造成他对政治的感受力不那么强，某种意义上，在我看来，咱们严苛地说吧，狗子一直在一个既得利益的阶层里，他一直在一个比较不受政治冲击的一个阶层里、一个环境里生活。

狗子：这个有好多朋友也说过。

简宁：但是，这种政治对一般人的威胁，我还是讲我老家吧，现在有一个重大的政策，就是要修一个大水库，将要把那一带的山区都给淹了，那里的农民就要搬迁到别的地方去。这东西是不是政治？它就是政治，它是一个跟我们的生活那么有关联的一个公共政策，但是没有经过我们同意，农民们也不知道它是怎么来的，但是它马上就要实施了。

说回我自己，如今的我已经不那么关心政治了，我觉得这跟我个人生活的位置变化有关系——无论什么样的政治，对我个人生活的威胁没有那么大了，那么我就不那么关心政治了。我基本上把关心政治分成两种，一种是搞政治的人关心政治，一种是不搞政治的人关心政治，我就属于那种不搞政治的人关心政治。所以我的态度是只关心政治的一个底线，我不关心之上的东西。什么叫底线？我在这几年当中充满热情地关心政治只有两次，一个是杨佳事件，一个是赵连海事件。

杨佳事件呢，我没什么行动，只写了个小东西，但是对我的情感冲击是非常大的，可能你们不理解，甚至觉得有些怪诞，这跟你没关系啊，但那种威胁感对我来说是很真切的。我就认为这是在我们生活的文明社会里发生的一件巨大的事情。我当时还跟嘉映打过一个比方，我说我无法想象万一是我的儿子碰到这种事儿怎么办？

所以我觉得，在生活中当一个事件触及我们的政治底线的时候，大部分人还是会有真切的关怀，它是我们公共生活中最重要的一个事情，它意味着我们的生活跟别人的生活是联系在一块儿的。

周濂：我觉得刚才简宁说的有几个意思，一个就是"吾岂好政治哉？吾不得已也"。很多人都是不得已被卷进政治中。还有一个我觉得他说的是作为一个不专事政治的人，他的政治热情其实是有个 qouta（限度或份额）在那儿，也就是说，我经过这么两三次事件之后，基本上就把热情释放完了，不可能说像那种专事政治的人去不断地从事各种各样的活动，参与各种各样的事件。为什么关心这个事件而不是那个，我觉得这个问题其实陈老师写的那篇《救黑熊重要吗？》的文章里是有回答的，有些事跟有些人的关联更近，像简宁恰好就跟他说的那些事件有了一种奇怪的关联。

嘉映：对，一半是那文章里的回答，就像狗子说艾未未，正好他认识，而且他对艾未未干的事儿也比较了解；一半是刚才你说的热情能量有限，就是一般人不可能事事关心，因为我没储存那么多能量。

狗子：但简宁那个好像还不是远近吧？赵连海也挺远的呀。

简宁：这跟我对这个事件的理解有关系。

嘉映：一个是他的理解，另一个可能还是有点儿远近的关系，这个"远近"不一定是熟人不熟人的"远近"，他可能就是碰上他对某种类型的事儿了解得多，对某类事儿也特别敏感。

周濂：比如说简宁有孩子，所以对三鹿奶粉这种事儿就特别的感同身受。

嘉映：对，有的因为是女性，女性容易对侵害女性权利的事儿更关注或说更近。

周濂：对，这个"远近"的类型可以有好多种。

怎样的一种去政治化？

嘉映：我插一句，刚才简宁讲二十世纪意识形态，这个我觉得是一个广泛被提到的观点，二十世纪是一个革命的世纪或者说是一个意识形态的世纪，还有好多其他说法，其中都暗含着说二十世纪是一个普通人被卷进政治的世纪。那么我觉得到世纪末，情况有点儿倒过来，就是开始去政治化。不知道是有意无意，就是我老说的那种公司化的倾向，可能也是对二十世纪那种政治席卷一切的一种反动，尽可能地把政治收回到一帮搞政治的人的手里去，给一般老百姓多多少少留下可以不关心政治的空间。中国在这点上是比较明显的，共产党从它开始就动员得很深，发动群众之类，一直到"文化大革命"登峰造极，每个人都必须政治。改革开放后这个过程开始逆转，政治还是跟人人有关，但不在日常生活上贴得那么紧了，跟七十年代之前比肯定不是那样了。这样它就给老百姓一个巨大的空间，一个可以不关心政治的空间，否则的话，这维稳不就更难了吗？

简宁：包括艺术创作，比如我们讲莫言，莫言所有的小说都是有强烈批判性的，但他的个人生活没有受到影响，一直在这个体制内，所以这是个很分裂的状态。我老说只关心莫言在公共场合表态的人不关心作品里的莫言，但是作为一个艺术家来说，作品里的那个自我才是更重要的自我。当然这也说明了政治给其他行业预留了很大的空间，那种严酷的政治生活已经从日常中退去，这是个好事情。

周濂：刚才陈老师提到意识形态的世纪过去了，意识形态有一个重要特征，就是通过发动群众、动员群众去实现它的政治目的，现在这个意识形态实现政治目的的手段比较少通过动员群众，它现在是越少动员越好。

嘉映：一开始它是革命政权，它现在执政嘛。

周濂：但是另一方面，那种动员能力还是非常之强的，像奥运会、十八大，都能看得出来。我有一些朋友做社会学研究，通过比如居委会这样的组织，可以渗透到社会的毛细血管中去，这种控制力与以往相比不是更弱而是更强。

嘉映：有它强的一方面，当然也有它弱的一方面，比如意识形态是处在破产或准破产的一个状态。但是我想插一句，就是刚才说狗子既得利益这个事儿……

简宁：哈，我可能说过分了。

嘉映：不是过分不过分，是不是特别准，我呢大致同意简宁的这个方向，但我想怎么把这话再确实一点儿，刚才也在讲嘛，现在是给了这些"不关心政治"的人一个空间，但这背后还有很多内容，其中一个就是这空间是怎么来的呢？比如狗子，我觉得，第一呢，是狗子不参加社会生活，简单说，他基本没有一个单位。我是说，像个体商贩，没个单位，但他依然在参与社会生活，要开个小铺，麻烦着呢。这些狗子都没有，再加上他又不求"上进"，是吧。然后，直到没多久以前他没有孩子。所有这些，除了狗子的个性向来如此之外，的确有些具体的特殊条件能让他不关心政治。这些特殊条件跟既得利益有点儿关系，你一个农民家孩子进北京，就不能"不求上进"是吧。但"既得利益"这说法有点儿宽泛，在不同程度上好多人也能像狗子似的。你不关心政治，政治一般不弄在你头上，弄你头上的概率有，但毕竟还不是那么大嘛。你是受点儿限制，但往往是这样的，你越关心这些限制，你受的限制就越多，你退一步就不那么感到限制了，我说有退路的余地就是这意思。不去关心政治，我的空间好像就变大了。

周濂：可是我觉得这里面可以讨论的余地还是挺大的，您说可以不去关心政治或者不去招惹它，这样的空间是足够的，或者说普通人的忍耐力是可以承受的，这得看你怎么看。比方说不上网这个事儿，可能对陈老师来说无所谓，但对一些年轻人来说，上网已经成了他的一个基本的生活方式了，不能上网会很痛苦，我也一样，它严重干扰了我的生活。

嘉映：我也是啊，我并不总在年轻人的对立面哈。

周濂：再举个例子，就说陈老师从回龙观搬家到这儿，其实主要是为了女儿入学，因为只有搬到这里才有可能入读人大附小，这背后显然都与一系列政策有关。

嘉映：不是，在这一点上我跟周濂的看法确实有区别。我把这些看作或者大部分看作社会生活，不一定直接拉到政治上。当然我承认它背后有政治的维度，就像是来场暴雨淹死人了，跟市政有关，市政好坏跟政治制度有关，但不是政府弄死这么多人。什么样的政府都有人淹死，是吧？

周濂：我觉得还不仅是这样，社会生活和政治生活最大的区别就是，那个背后的支配者到底是谁，比如说高考制度，比如这种划片儿的制度，其实是一个政府的公共政策造成的，它不是我们通常意义上的社会生活。

简宁：这我同意，所以嘉映的辩解呢，在一个更严苛的批判者看来，就有虚伪的成分，是吧。

嘉映：你要那么说呢，就过于政治化了，任何公共生活当然都跟政治有关。美国卡特里娜飓风来了，淹死好多人，当然政府要负责任，但它并不因此就是通常所说的一个政治问题。

简宁：我的看法介于中间吧，公共生活背后总是有政治维度的存在，但是在不触及底线的情况下，我们可以接受很多我们在逻辑上和理论上有看法的事情。

只有当你要发言却不让你发言，才成为政治问题。

嘉映：我觉得我对这事儿还是有点儿想法，先不说"政治"，说"政治权力"吧，political power（政治权力），不是说political rights（政治权利）。

这个政治上的power（权力）跟一般的power的区别在什

么地方，政治权力跟一般的力量的区别在什么地方？比如说我俩跟你俩打架，如果我俩块儿大，把你俩打了，那么不能说是我俩利用了政治权力，是吧？我们就是体力强。如果你俩特别聪明，用计把我俩打败了，这还不是政治权力使然，这是聪明的力量。我们生活中有好多好多种力量，那么政治权力或政治力量它从哪儿来的呢？它是通过社会组织来的，比如现在这世上的那些国家领袖，他可能既不强壮，也不聪明。

周濂：甚至也没有魅力。

嘉映：是吧。他什么都没有，但他权力是最大的，为什么呢？因为在这么一个社会组织的安排中，给了他这么一个地位，他的力量来自地位，不是来自其他的自然因素。所以，所谓政治活动，就是保持或者调整这个组织，使得这个组织中的某一个位置变得更有力量或者更没有力量。比如在德国的政治组织中，总统这个位置就没有很大力量。把哪些自然人放在社会组织的什么位置上，是贵族还是第三等级？在这个意义上说，我们所有的社会生活肯定都是牵扯政治权力的，这我一点都不否认。

人们常说，权力是无所不在的，真正靠块儿大打赢的机会非常少，块儿再大，警察来了你就老实了，是吧。这个无处不在的权力是社会组织给予的力量。但现在的问题是，你要看在一个事件中政治权力的作用它有多纯。比如说修水库的事儿，就是一个很好的例子，到处都有这样的例子。你想象一下，在清朝，皇帝或者大臣要兴修水利了，这是个政治事件？原则上它不是。但是现在它可能会变成一个政治事件，这牵扯到我们现在的政治组织和政治观念。我们觉得老百姓对影响到我们生活的这种公共安排有一份发言权，这是一种相当新的观念，以前没有。不抱有这种观念的生活是可能的，这个观念不是那么天然的，是有一种政治立场努力把它变成了通行的观念。但一个人仍然可能不把修水库看作自己要发言的事情，政府去管就好了，这种余地就是有的。只有当你要发言却不让你发言，才成为政治问题，因为这牵涉到我们可以从社会组织的方式中获取多少力量。

周濂：我在很大意义上同意你的观点，我们今天特别看重修水库这种公共政策的出台过程，主张必须要公开化、透明化，要对它进行监督，就是因为我们的观念本身发生了变化，不是由你说了算而是由人民说了算。

嘉映：至少人民应该有一个 say（说法）。

简宁：你把我家搬走你总要跟我商量，不管什么原因，没商量就让走是不行的。当然我也同意这是一个比较现代的想法，但这个想法它已经存在于每个人的意识里了。

嘉映：我要说的就是这一点，它到底在多大程度上存在于每个人的心里，这是区别。对于这些为人权斗争的自由主义者来说，这些事情里面都有强烈的政治因素。但我现在想说的正好相反，就是对于很多人来说，他没有觉得有那么多政治因素，这种观念他可能在报纸上读到也认同，但现实中依然有很多事情，你认为是政治上的事儿，他不认为。

周濂：我部分同意您的说法，一个人的常识或者直觉，可能会有不一样，但我现在恰恰是想说，其实每个人都是一个潜在的或者不自觉的权利捍卫者。我在课上也经常跟学生说，有人痛恨私有产权，有人痛恨现代性，有人整天批判自由民主和人权，可是我现在要你在课上不说话，你必须听我的；或者我现在不经你的允许就把笔记本电脑拿走，你一定会跳起来跟我争辩，你会觉得这个做法是彻底荒谬的。那你如何来跟我argue（争辩）呢？你一定会不自觉地使用"这是我的私有产权""这是我的言论自由"，诸如此类这样的辩护词。

简宁：我再回到我老家修水库的例子。其实当地的农民不想这个问题，他不认为你让我搬走是不对的，他是从技术上来想这个事儿，就是你让我搬走，搬哪儿去？赔偿多少钱？那你从逻辑上来讲他实际上也在想他的权利，只是他不把它标识为政治权利。

嘉映：搬迁这事儿我一直关注，倒退二十年，搬迁是多么容易。当然啦，你把我电脑拿走，二百年前，两千年前，他也不让你拿走，我的东西你平白无故就拿走，那不行。但是这个搬迁就不是，二十年前，政府派个什么拆迁队，画个"拆"字，然后政府说你这房子四万那个房子五万那个几千，大家差不多就搬了，有少数人闹，都得不到社会的支持。这就是差别。你看天津海河沿岸拆迁的时候，天津市管这事儿的副市长就说，幸亏他们那个海河改造是在 2002 年，这刚十年，他说现在那种改造怎么可能啊，那拆迁费用首先就是一个天文数字。

周濂：就是说你拿我一个小件儿东西我觉得你侵害了我的权利，你让我搬家然后你给我一个完全不对等的价格，我竟然就搬了。如果这是事实的描述，为什么会出现如此难以费解的事实？这个差异到底是个什么差异？

嘉映：这个当然有好多不同，一个是你拿走电脑太直接，是私人对私人，不是政府行为。另外一个就是解放后这个房子老百姓基本上就没把它当成私有财产，房子作为私有财产的观念在 1949 年以后被打得乱七八糟，房子就像是一种公共设施，实际上大多数新人也就住在公共设施里面，谁家有过房子呀。

简宁：农民不是这样。

嘉映：农民不是。然后呢，更重要的另一方面是，拆迁一般就被设想为公共利益，我们要修路了，这是大家的事儿，你的财产是你一个人的事儿。

简宁：要服从。

嘉映：对，就服从，这个电脑你要说现在因为战争或什么政府要紧急征用，你也就被征用了，要有一个公共利益的说法吧。所以呢，以前拆迁就没那么多事儿，如果我好好一房子，来一个黄世仁，说你搬出去这房子给我，那他肯定也闹。

周濂：所以这个挺复杂的，一个就是所谓的观念的转变吧，是彰显了对政治的整个理解的问题，还有一个具体到拆迁的确这样。比如在英美，如果你出于公共利益征用这块土地，那政府某种意义上是有一定的强拆权的，但如果是出于商业目的去征用这块土地则不然。我们现在很多的争端是后者，是政府或者是商家与政府勾结，出于商业目的去拆迁甚至强拆。

嘉映：那个就不去说了，我觉得差别就在于这个公共利益跟个人利益到底是多大的比例。在以前呢，我们觉得公共利益比天大，在观念上个人利益对公共利益实在是没有抵抗力的，这房子明明是我的，你什么公共利益啊，那大家会觉得你这人怎么这样啊。但现在不是了，就是个人利益大了嘛，所谓这个rights（权利）占的比重大了。

动不动就从治理问题上升为政治问题，归根到底还是政治结构出问题了。

简宁：刚才嘉映说的一个社会事件背后政治维度的问题，这个是在变化的，有时完全是个操作技术的问题。比如我们老家农民因为修水库搬迁，如果给的钱多，找的地方也好，就不是一个政治问题了。虽然他也没有经过农民同意就这么干了，但因为它操作技术好，就没有政治问题。然而我们的政府常常是这样，本来是个社会事件，跟政治没关系的，他把它很自动地就演化为政治事件。

嘉映：他的处理使得权力的维度凸显出来了，还有 PX 事件。

狗子：PX 是什么？

嘉映：就是这次在宁波要建一个 PX（二甲苯化工）厂，然后宁波老百姓就上街，就闹了一阵，闹了三五天之后呢，政府宣布不建，这个跟大连、厦门的一样。

简宁：现在的群体性闹事儿我觉得有一个共同的特征，都是跟资本有关系，什邡，启东，大连，宁波，真正的黑手都是资本在操作。

嘉映：说到这儿呢，我补充一点，这跟一个基本结构有关系。首先，中国现在发展经济在很大程度上不是完全靠资本发展，地方政府是发展经济的引擎，所以政府跟这个资本的确是有一种一而二二而一的状况。从个人或者从群体来说，政府很大程度上是靠资本养活的。

简宁：税收。

嘉映：对，税收这是一大事儿，还有好多事儿。比如现在有 500 个还乡青年没工作，失业，闹事儿，闹得不得了，这些人能量也比较大，那政府要解决这个问题。它怎么解决呢，它就找这些资本，说你雇 20 个，他雇 30 个，把它给消化掉，我们政府不可能把他们都招成公务员吧，你们帮帮忙，否则这 500 个人闹得不得安宁，那资本就把这 500 个人安置掉。反过来资本要干点儿什么事儿，政府也得支持啊。一般这种事儿在法治国家它是通过一些常规来做，中国呢，经常是通过政府里的人跟这些资本的关系。

简宁：但是非常有意思的是，这几次事件，都是老百姓一闹，政府让步了，然后他就开始打资本的屁股。

嘉映：宁波事件，只闹了三天，政府就让步了，政府发的第一次声明就是"我们坚决不允许这个厂子……"，还用个"坚决"，就好像政府一直站在老百姓一边，典型的黑色幽默。

简宁：主要还是因为我们处在一个政治形态的变化成长阶段吧。

嘉映：一开始本来可以把 rights 这个维度变得特低，它本来是个利益冲突，一个计算性的冲突。

周濂：如果这个政府足够聪明的话，它的确是可以把这些政治事件停留在治理层面。但问题在于，这么多原本可以是治理层面的问题，最后政治化了。为什么？其实就是刚才陈老师说的，就是这个政治 power 是跟那个组织有关的。

嘉映：就是政治结构出问题了呗。

周濂：对，老百姓是没有这个 bargaining power（讨价还价的能力），我既然无法跟你讨价还价，最后只能寄希望于你是一个开明的仁慈的能够照顾我们利益的君主，诸如此类，但是这事儿显然是不可预期的。所以现在的困境就在于，政府的权力完全不受限制，人民又没有可能组织起来与之讨价还价，结果往往是使得问题激化，从治理问题上升为政治问题，所以归根到底还是一个政治结构的问题。

不关心政治应该是正常的吗？

狗子：那么还是说回来吧，就是像我这种，不管因为什么原因不关心或不太关心政治的人，在一个比较正常的社会里，没什么问题吧？没什么不义之类的吧？

简宁：我觉得在一个比较发达成熟的社会里，不关心政治应该是正常的。

嘉映：对，我也这么觉得。

简宁：那现在倒过来又说，我们这个社会，比如十八大开了，我们是要关心它吗？很多事情是政治们的事情，我关心它也没什么用，没准儿还把我自己给毁了。

嘉映：这个我觉得得分两方面来说了，一个当然这政治你关心它也没什么用，但现在狗子这问题可能还有另外一方面，就是现在许多人特别是自由主义者会认为，人的权利，rights，是一个大家要去争取的，争取到之后一同来捍卫的，而这个rights是人人共享的，如果你不去关心不去争取它，也不去捍卫它，那么你就是在搭便车。

简宁：犬儒主义。

嘉映：对，也就是说你在享受了这个成果却没为此干什么，或是让别人去牺牲，争取来了反正有我一份儿，当然你可能不这么想，但你就在这么一个处境。

狗子：对，像我这种是不是就属于不觉悟的？

嘉映：会受到这种批评的吧。

简宁：这个我有感受，就是这次莫言获奖这件事儿，以我对莫言作品的熟悉，对他个人风格的熟悉，我完全没想到他会受到那么强烈的攻击。这种对政治参与的呼吁，如果超过某一个限度，它会被异化为另外一种东西。

嘉映：我们能否找找这个限度在哪儿呢？

周濂：我觉得刚才陈老师描述的那种自由主义想法很到位，权利是每个人都应该享有的，并且这个权利不仅要去争取而且要去捍卫，不能搭便车坐享其成。但是关键在于，这个理论上的态度是否应该落实到现实中，或者以何种方式落实，这是一个问题。在莫言事件上，我比较同情地理解简宁的立场，虽然我现在已经是被标签化的一个自由主义者。

莫言的事儿我觉得他们有点儿强迫别人自由的意味，没有恪守自由主义最重要的一个美德，就是"宽容"。你本人当然可以身体力行做一个伦理意义上的典范，但是你不能强迫那些对政治自由不关心的人必须要"follow me"（追随我）。我觉得如果你是一个珍视宽容价值、接受消极自由理念的自由主义者，你应当不会走到那一步。

简宁：对，我觉得消极自由太需要保护了，我刚好写了一条微博，我说泛政治化、泛道德化正是对自由的伤害。

嘉映：没错。

简宁：从文学史上来讲，一个作家，他的一些生存策略有时候你很难用道德来评判，因为他的处境你很难体会到。对这种人、这种情况表示怜悯和同情才对，而不是说让艺术家作为战士去工作。

狗子：那么，我是想说，对这些不关心政治的艺术家，刚才说到的宽容也好，或者怜悯，或者理解，似乎这里面还是包含着一种居高临下的……还有简宁刚才说很多作家艺术家他们本身包括身体上的这种脆弱啊，那么我身体上很好，很健康，我也不怕被抓啊之类的，但我就是没有去关心，那我这个算是？

嘉映：我觉得这是个挺实质的问题，周濂，虽然……

周濂：这问题对我来说不构成问题，我会 let it be（让它去），OK，你是这样的人，或者……

嘉映：我理解狗子那问题，大致是这样的：第一我可以不关心这事儿吗？第二，对大家有一个共同的标准吗？"共同"是说，我要是"那样"我就应该去关心，比如说周濂就应该去关心，因为周濂是公共知识分子啊，因为周濂搞政治哲学啊，因为周濂是个教师啊，因为周濂如何如何，但我是一个小说家，或我是一个艺术家，或我是一个这样个性的人，我就可以不关心……我觉得狗子大概问的就是这一类问题。

简宁：狗子的心理状态让我想到了加缪的《局外人》。我有一个朋友，他跟我说过他自己的一个例子，他说他参加一个葬礼，看到别人号啕大哭，他一直觉得很自责，他没有那种感觉，就觉得自己的心理结构是不是跟别人不一样。这就是加缪《局外人》说的，就是我刚才说的他那种看法、感受和反应里面，有自由的因素、因子，这就是加缪所强调的那个自由，就是人因世界的荒谬而被拉开的距离。他的那种冷漠，有一种对人类整体生活荒谬性的感知在里面。

嘉映：唉（叹气），你要把话说那么大，我也插一两句。

简宁：（笑）不是有意的啊。

嘉映：就是呢，说到狗子追求自由，这种追求自由一部分是指跟流行的观念和感受方式相区别甚至相对抗，这个呢，是不是也的确暴露出一种可能性，就是我们现有的观念和反应，可能不像大家所想象的那么重。比如说关于政治事件中的死亡……现在你也知道"生命无价"啊，"第一宝贵的就是生命"啊，但我们也知道生命没有那么那么了不起，这个话我听好多人都私下讲过，不是把这个生命看得如何如何重。当然可能不到狗子那个程度，但是完全能设想，没觉着死人怎么着，诸如此类。还有另外一层，我本来是想来列举一些社会啊，我这又来那老一套，别的那些古代的社会啊，它不这么看待死亡，不是这么看待政治斗争的。但还有一条，就是狗子他们这些人呢，跟古代那种社会里的那些人又不一样，那些人呢虽然对这些事（死亡）不看重，但可能很看重另外的一些事，那种比较质朴的社会，它跟我们这个社会不一样，它看重另外一些事比如对部落的忠诚等。但是狗子他们或者狗子呢，他有一种啥都别看那么重的意思，可这种观念呢，又反过来是他所反对的现代性的一个结果。

周濂：刚才说到"荒谬"这个词，我自己的理解是，所谓"荒谬"就是你时常地或者习惯性地脱离这个正常的、主流的语境。我觉得狗子是一个穿梭在各种语境之间的夹缝中的人，所以他对各种主流的语境他会有一种抽离感，这是一个。第二，刚才陈老师说死亡其实并不是那么严重的事情，我个人觉得是这样的，就是说，看你从什么角度去看它，比如从刑事上的角度去看它，或者从诗意的角度去看它，或者从宗教的角度去看它。我们看待人生有不同的角度、不同的路径，你的确可以把一个死亡事件轻描淡写化，甚至诗意化，我们的确可以做到这样。尤其是到了一定年龄以后，你见惯了生死，觉得死亡不过就是这么一回事儿，OK，这没问题。但是我觉得从政治的路径则是非常不同的一个视角，如果你把一个政治事件中的死亡也比附成刑事或者宗教的角度，认为分量是差不多的，我个人不是特别能接受。我的意思是说，当你面对同一件事情的时候，你有看待它的不同的路径，不同的路径赋予这件事儿的价值是不一样的。陈老师在思考问题的时候，经常会把不同的时代、不同的社会背景拉进来考量，这么做的确能丰富我们的视角，但有时候也许会失焦。比方说，在现代政治社会中，在政治事件中有人横死，这基本上是不可接受的。陈老师有时会打比方说，就像去爬雪山当然是要死人的，然后类比说你参加政治事件也会死人，这个比喻是有误导性的。事实上我也可以把参加政治事件比作参加一个 party（聚会）而不是去爬雪山，在一次聚会中死人显然就不是一个顺理成章的事情。

简宁：我是这么来理解你说的话，一方面我同意你的说法，这应该是一个比较公认的观念，但是呢，我有点儿觉得，当到了把这种观念唯一化的时候，它实际上是需要有另外的坐标系来并置，相互透析，问题是在我们的现实中常常就是被唯一化了。比如一个政治事件中的死亡问题，当只有一种维度来说这个事情的时候……我们起码应该知道还有其他看法，这至少能导致一个什么效果呢，我觉得至少能让我们的胸怀广阔一些。

周濂：当然，这个我当然同意。

简宁：那么，我们的生活中恰恰总是导致唯一性，不是说唯一性不对，而是我们的生活中有太多的唯一性了。

周濂：唯一性就是不对嘛，因为现在就是有这么一种叫"政治正确"的说法，这是很可怕的一件事情。

在我看来，自由主义在西方社会里最大的问题之一就是它形成了一套非常顽固的"政治正确"的话语体系，而且这套话语的内容还在不断地增加，最后就会导致整个社会政治生活的那种复杂性、丰富性丧失掉了。

如果说希腊城邦有一千个特点的话，在我看来最根本的就是它是一个人数非常有限的政治共同体。

狗子：我记得嘉映你说过，在古代，比如希腊，有些人可能不关心政治，但他们关心别的，都是什么呢？

嘉映：不，我没说希腊人不关心政治，相反，他们特别关心，只是关心的方式不同。中国人对政治的态度跟希腊人一开始就有很大区别，中国一开始就有"帝力于我何有哉"那个想法。讲到希腊，如果说希腊城邦有一千个特点的话，在我看来最根本的就是它是一个人数非常有限的政治共同体。有一千个成年男人，或者五千个，那就是很大的城邦了，所以对他们来说，关心政治，就是一个太合理的道德要求。有点儿像我们现在一伙人出去旅行，出了事儿，怎么处理，你说我不关心怎么处理，那你是跟我们一伙的吗？希腊也是，一共就一千个男性公民，你说你不关心这事儿，那明摆着你就是搭便车嘛，对吧？！城邦兴你也兴，城邦亡你也亡，你不能不关心，所以"人是政治的动物"其实翻译成"人是城邦的动物"要准确得多。那么后来的政治演变跟城邦总是有着千丝万缕的联系，最有联系的就是从城邦产生出来的"公民"这个概念。刚才讲关心政治没用啊，对这个政治无能为力啊，等等，但对一个希腊人来说，不论你有能为力或无能为力，你就是得有做点儿什么的愿望或自我要求，这是关键，你就是要做点儿什么。

简宁：苏格拉底之死嘛。

嘉映：但是对中国人来说，确实有理由不关心政治。一开始很多人就跟政治没关系，古时候中国它就是由一个政治家集团或者什么人在那儿做政治，而西方人认为政治是他生活中的一部分，这实在是跟这个公民意识特别有关系，而中国没这个。自由主义不管它怎么说，很大程度上它想培养这种公民意识，就是希望我们从公民的角度去看待社会上发生的事儿，但现实是大多数中国人不是从那种角度去关心政治，而是要等到政治来直接影响到自己。我并不是说中国这种态度就不对，事实上，是不是一定要引进公民这个观念？能不能成功？或我们需要的是培养另一种相应的观念？这些都还特别值得我们认真考虑。因为这观念在西方有根，但对我们来说，它在很大程度上只是一个"正确的观念"，不很清楚它在现实生活中有多少内容。

周濂：陈老师说到公民的概念，确实在西方，无论是雅典式的公民还是罗马共和制的公民，都是特别强调对政治事务的参与。但是除此之外，还有自由主义式的公民观，它就不会那么强地要求你去参与政治。比如要求狗子必须要以特别直接的方式去关心政治，自由主义的公民观的弹性会大很多。我觉得今天微博上的一些人，包括在莫言事件上激烈表态的很多自由主义者，他们其实是不自觉地采取共和主义的公民观。

"完全的个人生活不能满足任何人"。

嘉映：我们还是回到一开始说的，这个关心政治还是得分成狭义一点儿的和广义一点儿的，你要广义的话就什么事儿都不可能脱离政治，我觉得应该在狭义上来谈论比较有意思或者才有意义，但如果狭义到完全个人，这事儿也没法谈。

现在我们是在讨论一个多多少少有点儿原则的问题，我想这么问狗子：一个人，以天下为己任，你觉得这事儿可理解吗？比如说吧，中华民族多灾多难，有的人呢，他也知道多灾多难，那他该过他那日子还是过他那日子；有的人过得挺好，但他放弃了他过的那日子，就去比如建立政党，共产党也好国民党也好，他呢非要把中华民族复兴，这个今天听起来有点儿什么，但在二三十年代这种人多了，哪怕他不从事政治他去学农业学，或者像鲁迅那样学医学，后来做文学了，但是不管做什么，他都是有那种要改变中华民族命运的那种东西，像这种冲动你能理解吗？

狗子：嗯……有点儿能吧。

嘉映：一个人，不管他是不是从事政治，因为从事政治这事儿需要很多具体的条件，不是瞎想从事就能从事。但是有的人呢，他就是从大处着眼，他特别关心那种大的问题，某种程度会把那些大的事情跟自己的情绪啊或者什么的联系起来，我觉得这个事儿本身倒没有什么不可理解的。倒是到了这个世纪，我们会觉得，你连得上吗，是不是在狗子这儿，这个态度很强烈？

狗子：那个"以天下为己任"，我立马就想到是很古老的事情，现在这词都不怎么用了。

嘉映：当然现在可能不用这词了，但还是有这么种心态吧。

简宁：微博上有个小故事，说民工在地下室里写收回钓鱼岛的方案，这时警察敲门查暂住证，笑话是说"吃地沟油的命操钓鱼岛的心"。

嘉映：我为什么比较同情或理解狗子这个状态？一方面我也觉得这（关心政治这事儿）里头有许多虚幻的东西、可笑的东西，反正不像那么义正词严的想当然的。但是另一方面，那种基本冲动的萌芽，我觉得还是完全可以理解的，就是有的人他还是要对大事儿关心，他不是只关心他自己的那点儿事儿，像这种跟我们没有直接关系的事儿，钓鱼岛啊美国包围中国啊杨佳啊诸如此类的，我们每一个人都会把自己的这个卑微的生活跟某些大事儿联系起来，而这种联系呢，其中可能有很多虚幻的东西，也容易生出很多虚幻的东西。但是我们把我们自己的生活跟那种大事儿大的东西联系起来的那种基本的核心的东西，它本身并不因此就是虚幻的，这其实也是每个人都不可避免的。

所以对于我们爱反思的人来说，我们需要做的是看到哪里是虚幻的，而不是说整个这事儿都不可理解。比如我们关心小说的兴亡，这事儿我也可以那么说，我说这事儿跟你有啥关系啊，你不就是写点儿你自己的感受吗？好多人就是这么说的，就说我的写作你别问我意义什么的，我就写我身边事儿我的感受，这种说法也已经流行了二三十年了，这个我也不信。我的意思我两头都不信，我不信一个人他是为了中国文化的复兴在那儿工作，但是我也不信他就从来不在乎他写作的意义。在这个意思上我同情狗子，面对那种对政治那么关心的情形时我就特别站在狗子那头，但我站在狗子那头，我是想说狗子他也不能完全缩成把这事儿仅仅源于个人感情，就仅仅因为是他朋友所以他就关心。

狗子：当然不完全是这样。

嘉映：对，他那个关心实际上是超出于仅仅是朋友的那种关心。

狗子：或者我就是苛刻一点儿说，是不是那种激愤有很多虚幻的东西。

嘉映：当然啦。

简宁：我觉得狗子是不是还有一种对浪漫主义天然的反感？

狗子：有可能。

嘉映：对宏大的东西，拔高的东西，把自己跟宏大的东西联系起来的那种倾向的怀疑……

简宁：我觉得狗子身上有种根深蒂固的嘲讽的精神。

嘉映：你把它叫作嘲讽吗？我觉得这词不一定对。

周濂：我觉得就是游离，而这恰恰是狗子他们要反的现代性的一个结果。

狗子：什么意思？刚才嘉映也提到这个。

嘉映：那我替周濂说，就是你对高调的、慷慨激昂的这一类感情和表达方式，你有一种反对和反感吧？这种高调是一种现代性的东西，这里有种拔高的、抽象的东西，古代人——至少希腊人，要听这套高调东西他不太能会接受。但是他们天生有他很信的东西，也许信神，也许信他的部族，为了部族利益他可能不惜一切，他有他的很实的东西，听不惯那些高调的。那你呢，反对这些高调的东西，但没有一个很实很自然的依托，而这种没有依托的状态本来是现代性的一个结果。

狗子：我就是觉得对于一些政治事件，我周围一些朋友，比如简宁的反应，那种激愤，一方面我不怀疑他们的真诚，一方面还是不那么好理解？再有，嘉映你再说说政治的广义狭义这事儿，刚才没太明白。

嘉映：先说，人身上有各种各样的力量，是吧，它现在多出来了一个，一种来自社会组织的 power（力量），而且这个政治 power 比什么 power 都大都强有力，所以在这个意义上政治跟所有人都有关系。比如说我这人本来挺有劲儿的，但是因为我没有政治力量，结果我有可能就会变成一个相对软弱的人了。但我不一定从事政治，从事政治是指在那儿热衷于维持和改革改造那种组织方式，或者反对它什么的。我觉得吧，在这个比较狭窄的意义上谈政治兴趣才有意思，你要在那个宽的意义上说，那我们的一举一动都是政治的，那就没的可谈了。

但是呢，在一个小的政治体里，你就能想象大家都特别关心政治，在一个大的政治体里就不是那样的，虽然说潜在的政治在我们的生活中到处都有，但在很多具体事儿上我们一般不用政治的方式来看待和处理。只有在政治没弄好的情况下才被迫关心，这就有点儿像咱们在谈两性关系时提到过一点儿的性和权力。男女之间，在一个意义上所有的言谈行为都跟性有关系，但两个人并不是老在弄性这事儿，就是过日子，或欣赏风花雪月。但有时候性就卡在那里，你一举手一投足躲不开性的意味，这说明你们的关系有问题了。在这个意义上，关心政治的人太多了，本身是这个社会有点儿问题了。我觉得现在人们比较容易关心政治，一个就是二十世纪的一个遗留嘛，比如我们这一代人是有很明显的原因，我们就是关心政治，非常普遍。那么后来政治又没弄得特别好，所以还是有特别多的人关心——这是一个描述；然后我们说每个人当然都不一样，就像有的人集邮，爱好集邮的人觉得这里面热闹得不得了，但是我就不关心集邮。但这两者有个区别，就是政治上的这样或那样对你有影响，哪怕你不关心它，你会从中得到好处或被损害，但是你要不关心集邮呢，那对你没影响。对于大多数人来说，他都有可能被卷到跟政治比较有关的事儿里头。

但对于狗子你呢，你可能有点儿特殊，这既是你的个性也是你的处境使然，这两者当然互相也有联系。把这些作为背景来分析问题，就是那么多人那么关心政治，为此激愤，这是可理解的还是不可理解的？这话恐怕还有另一层意思，就是对还是不对？不是特别强烈的意义上有对错，但似乎含着那么点儿意思，就是它是那么回事儿吗？其实这个问题，我觉得里头有好多值得我们仔细去想的点。本来每个人都不是一个完全经验的自我，我关心我那点儿利益总是跟外面更大的东西联系着。这种联系是一个比较复杂的事儿，大意是，每个行当都有一个比较稳定的传统，比如绘画传统，比如小说传统，你做的具体的事儿是跟这么一个大的传统联系着的。现在呢，在我看，各种传统中断了，至少是萎缩了，每个人缩回到他自己所事的那点点东西，跟什么东西都不连着。我做个房地产我就是挣点儿钱，是吧，你要是说我为了发展中国的住房事业听起来挺那什么的。一件事情一个人就这样孤零零的，当然我也是极端言之，由于这种联系萎缩了，不甘于蜷缩在个人生活中的这样一种愿望，可能会更多投射到某种大而无当的层面，包括大政治层面，关心中国的强大，关心钓鱼岛，关心人类生活的普遍正义啊，虽然这些跟他的个人生活没有多少实质的联系。我在饭桌上慷慨激昂地谈一大套人权啊、贫富差距啊，低头我该吃什么吃什么，回去该挣什么挣什么，我一说起社会不公气愤得不得了，但我不见得对这社会不公做任何事情。的确，我认为"完全的个人生活"不能满足任何人，但是没有一个良好的渠道，没有可依托的一个良好传统，能够培养他的个人生活跟更宏大的社会理想啊、目标啊建立起一种联系。就是——要么呢，我自己干的这事儿没啥意义；要有意义呢，它就一下连到那些最根本的事儿上去了，一下连到国际政治上去了，这些事情和我的所作所为的联系呢，显得那么的——虚。它不像写小说的人跟文学传统的联系，这个传统它渗到你的工作中，你具体做的事情跟那个大的东西有联系。那些大政治跟你的具体生活没联系起来，然后就生长出一种"政治上的正确"。

狗子：得有那么一个东西管着。

嘉映：对，得有个东西。那个东西就是最正义的那种东西，那么看起来呢，我们关心政治就好像是男人或者作为一个人应该时时不忘的一个东西，像希腊人似的。这种正义感吧、义愤吧是一种被社会认可的感情或者表达，但很可能实际上它跟你的具体生活没什么关系了，有也是很微弱的。

狗子：就是说要真来事儿了不定怎么样呢。

嘉映：对，是的。但还包含一层意思，就是它可能根本不来事儿，这个跟我讲的那个希腊公民的那种状况完全不一样。

希腊人他天天要生活在那里面（老来事儿），所以它不是一种表态，它是一种生活方式。希腊城邦年年打仗，要么就是城邦内的政治斗争或是什么，所以希腊人真是政治动物。现在的这种正义感这种激愤感情也许 100% 也许 99% 跟生活没关系，你生活中该干什么还干什么。所以吧，你可能就会觉得这种情感虚飘，所以从这个角度我同情你。我自己关心政治，但我觉得这里头有很多需要反省的，我自己也在努力反省，就是说到底有多关心，你真正关心的是什么。

死亡：当代人有死亡观吗？

话题参与者：狗子 嘉映 简宁

2012 年 12 月 6 日

死是唯一可以确定的事儿。

狗子：今天想聊这么一个话题，就是"当代人以及当代中国人有死亡观吗"，大家刚才聊了半小时别的，看来死亡这个话题有点儿难进入？

简宁：张弛刚刚发了条微博说，听说狗子要和嘉映谈死亡，他认为这个话题一个是从宗教层面，一个是从哲学层面来谈，现在像《迷途》的作者狗子来谈死亡，只会越谈越迷糊。

狗子：迷糊所以想谈。死亡问题我二十岁左右时琢磨过一段，一度挺纠结或说挺难受的，但马上就过去了，四十岁以后比较频繁地在想，但基本上也是想到，然后无奈，就那么着了。也看一些书，在酒桌上老提这个话题，有时候会问各种朋友："你怕死吗？"

嘉映：有什么有趣的回答吗？

狗子：没有吧，很多人不太真诚就滑过去了，或者说这事六十岁以后再说。

简宁：我觉得狗子的这个问题好，直接谈死亡有点儿无从说起，就像张弛说的，从宗教上也好从哲学上也好还是社会学上，太多路径。问有死亡观吗，问题就稍微集中一些。

狗子：我是想探讨这个死亡观在当代背景下的状况。前一阵，算个小故事吧，我那小孩在幼儿园早晨起来——他上全托，住校，他最喜欢的一个老师那天来晚了，他就跟别的老师说，王老师怎么还不来啊？她是不是死了啊？然后王老师来了听说这事儿，就问我那孩子，你为什么说我死了呀？小孩说因为人都是要死的啊，老师挺惊讶，把这跟我学了一遍。

其实这事儿是这样，之前我带孩子无聊，想起我们即将要谈的这个话题，我问小孩你怕死吗？小孩说我怕啊，我说你为什么怕啊？他没回答，我就跟他说人都是要死的，他就记住了。事后我想，虽然我不知道死亡在孩子心里到底意味着什么，但他知道死是不好的。那我就想在怕死这一点上，他可能跟我没太大区别，就是说在死亡观上，我四十多岁跟他三岁多区别不大，没什么长进。

在生活中大家对死都避而不谈，但是死又是唯一可以确定的事，我们谈的所有事儿都没死这么确定没跑。还有像父母也老了，看到老年人那种状态——病痛、对死亡的恐惧，我觉得对于死亡这么一个确定的事儿，大家回避或稀里糊涂对付过去，但早晚它要来，等到真来的时候再去面对，那种无助的状态是不是挺惨的？

嘉映：你看狗子选的这些个题目啊，性，政治，文学，死亡，当然文学是可以谈的，大家都谈。政治呢在某种意义上是可以谈的，但如果说的是最广义的政治就是权力，权力也是一个大家都不谈的，都是你好我好。死亡也是，这四个里有仨都比较敏感，不太好谈。简宁说，我们谈死亡观比较容易谈，其实，一谈死亡观，分析什么希腊呀伊斯兰啊，这成一文化沙龙了，我猜狗子想的不是这路数，狗子是要谈不好谈的那事儿。

简宁：但就说当代中国人有没有死亡观，我觉得这事儿真是个话题。我的理解，从春秋时候开始，中国人一直都是比较排斥死亡、排斥死亡教育，尤其是有了儒学以后，这跟中国人的世俗生活有关。我还写过一个微博，就是孔子说祭神如神在的时候，他首先是说神不在才有如神在，还有孔子说未知生焉知死的时候，他也是在回避死亡这个话题。我觉得这是商周之变造成的，那是非常大的一个文化转向，我们隐约知道，商代的文化是很尚鬼的文化，我觉得墨学就多多少少继承了商代的文化因素。

在其他文明里面，是有死亡一个位置的。比如在基督教里面，看"泰坦尼克"号将沉的情景，他们感觉是回到了主的怀抱；他们讲笑话说，如果让中国人组织个敢死队去，哥儿几个到美国把钱一分就跑了。中国人从春秋以来，特别是独尊儒学以来，一直是排斥死亡的，以至于到现在，我们变成无限度地肯定现世的肉身生活，这是文明教育的结果，其实跟个人的自然经验是相反的。

我们自己静下来，明明白白问自己：你那么怕死吗？我觉得不是。就我个人来说，很早就有对死的体验。在农村嘛，从小就见惯丧葬，还有那种家里放个棺材的老人，他们对此根本不避讳。我的一些重大的体验，也都包含了一些死亡因素。比如第一次写情书，上大学的时候，才十几岁，我一个乡下小伙子，特喜欢一个校花式的丫头，当时脑子里有个又蒙昧又清醒的念头，就是我要不把这事儿告诉那丫头我要死了……所以我觉得死亡本身，在我们的日常生活里面，它是一个召唤。它有虚拟的性质，一个属于宗教范畴的东西，它会时时刻刻到你的个人经验里来。肯定有些人是不怕死的，比如说特别苦难的人，特别冤枉的人……就我个人而言，我一直有一个信念，就是死亡差不多是类似恩典的一个东西。我的意思是说，如果排除我们从公共生活里得到的那些说教、那些观念，我们回到非常隐秘的个人经验，人其实不是那么怕死的，但是，我们一回到生活里，所有的东西都让我们怕死。

有好几层意义上的"怕死"。

狗子：嗯，你刚才说的一句话，你说肯定有人是不怕死的，你的意思还是实际上大家都挺怕死的……

简宁：我是想说怕死不怕死这个事儿，是因为我们被很多社会观念左右着，当你回到纯粹个体的状态，单独来想死这个事儿，其实人不是那么怕死的。

嘉映：我觉得如果要聊"怕死"这个话题，我们得稍微分一分，有好几层的"怕死"。一是我不愿意死，就是说我不去找死，这个叫不叫"怕死"；再有就是我胆小怕死，在战场上碰什么事老往后缩，这是一种怕；还有一种是，有一点点形而上的意思，就是一想起那个空虚啊什么的，这几层可能有点儿联系，但不完全一样。然后简宁说的有些我不是特别同意，中国因为没有一个宗教一直把死亡啊这些排除，这我基本上接受，但是，譬如要讲什么发动"911"的人不怕死，那中国从春秋一直到共产党，视死如归的人多啦。

狗子：义和团什么的。

嘉映：对啊，义和团。还有抗战，咱们国民党将士死了多少啊，共产党死了多少，这都是有案可查的，不能一说文化差别就好像真有那么大的区别。

狗子：简宁你说当回到一种一个人的状态，静下来问自己怕死吗，我不知道你那是怎样一种状态，但大多数人似乎没有这样的一种状态来面对死亡或自问吧？

简宁：也可能，这大概跟我个人情况有关系。我刚生下来的时候，身体就不好，奶奶一直说这孩子养不大，一直说，我就会想这个"养不大"是啥意思呢？我是在这么一种情况下长大的。

嘉映：知道死跟刚才说怕死，我觉得还是有几个层次。刚才讲到那个小狗子，他也知道死是不好的，我觉得孩子肯定挺早就明白死不是好事儿，哪怕就在字词上——那家长说什么"你要死啊"就知道这不是好事儿，但这跟对死亡有感觉，我觉得还是两回事儿。

跟性一样，这个题目有点儿不好谈，狗子刚才还用了"真诚"这词，死亡这事儿本来应该是就着自己的感受谈的，但又不能把这感受无所加工地逮着哪儿就说，一般都得是半夜十二点，三两密友，几杯小酒下肚，那会儿才谈呢。

但我先讲点儿浮在表面的感受，大概四岁的时候，我外公去世，那时候我在上海，外公在常州，妈妈去奔丧带着我，因为都说外公对我最好。据说我一去，我自己还能记着一点儿，还有是听说的，一去就哭得那个伤心，也很觉得是坏事儿，不愿意他死，这都是肯定的。但是真正体验到死我觉得要更晚些，在小学二年级的那个春天，我知道了死。说起来也是莫名其妙，就是躺在床上，我那时候睡在南屋，就在窗底下，刚刚到打开窗子的季节，外面杨树的叶子还是挺嫩的，哗哗地响，那风吹进来特别的舒服，然后一下那感觉就是：有人会死，我也会死，死了之后，这杨树你也看不见了，天下什么事儿你都不知道了，都跟你没关系了。窗帘轻轻飘动，我就一个人悄悄溜出来，到院子里，坐在杨树下，在树底下那么坐着。

那是我第一次，就是在所谓的形而上学的意义上知道死亡，知道死亡空虚人生有限，当时我不知道用什么词，但就是那种感觉来了，真正知道死去万事空的那种感觉。所以我觉得这个有两个层次，死不是好事儿是一个层次，真正对死有这个感觉是一个层次。

简宁：从生物性来说，我觉得所有的人都怕，而且它随着年龄递增而变化。有人年轻的时候他不怕死，比如说开快车，所有的教育都告诉他，开一百八十码肯定是要出事儿的，他就敢开，但到五十岁的时候他还就真不敢开了。就像狗子说四十岁以后对死亡想得越来越多了，的的确确，人过半百，自己的父母老态毕露，周围朋友的爸妈开始去世，死亡变得越来越真真切切。

"怕死"挺自然，包括有宗教信仰的人。我觉得最重要的是解决对死亡的恐惧，至少死了以后有地儿去，轮回也罢，上天堂也罢，有地儿去人就会好一点儿。我死的时候有一个牧师给我念经，我或许就不那么害怕了。

嘉映：你说那几点我都特别同意，而且觉得特别在点子上。我现在换一个角度把你那几点再说一下。说大家都怕死，这是生物本能嘛，要有不怕死的物种，那它不早灭绝了嘛，它总得愿意活着它才活下来。这个怕死跟我们刚才说的那几种怕死不太一样，这个是最根本的，我觉得那个形而上学的怕死是跟这个东西连着的，虽然它又是在另外一个层面上。

那些英勇，比如"911"这种，这个意义上的不怕死是说他能克服死，但它得有那个"怕死"才谈得到去克服，他如果一开始就不怕死，英勇就无从说起，宗教啊、共产主义教育啊都跟这个意义（克服死）有关。

最后我补充一点，就是人岁数大了以后，怕死不怕死的考量，跟年轻人比不太一样。岁数大的人怕死有好几个原因，比较直接的是岁数大的人比较有责任感，很多时候刚要出手觉得你不能这样，年轻的时候反正单根一人，岁数大了就不一样了，有点儿拖泥带水那种；再老了躺在病床上那个怕死吧，我个人一直强烈地感觉到，那种不怕死——我指的是克服死的不怕，因为我也不相信就有天然的不怕死——我觉得是跟那个生命力成正比的，就是说他那种不怕死正是因为他有能力去活，真正到快死，生命力不行了，没有克服对死亡的恐惧的那个能力的时候，是最恐怖的。生龙活虎的时候说我不怕死，这没什么，但问题就是最后，居然你就不是你了是吧，没那种力量了。

简宁：那每个人最后不都是没那个力量了吗？

嘉映：有这个问题啊有这个问题啊，我觉得比如说佛教，它练的那个东西就是要练到一直把那个能量保持到最后嘛。

简宁：我不相信你这个说法，就是个人的生命力的强大可以不怕死亡，问题恰恰是，当作为生物体来说，要死的时候就是生命能量快没了，那这时候依然有的人怕死有的人不怕死，这是为什么？我的理解是关于死亡的解释，谭嗣同不是有首很著名的不怕死的诗吗，年轻的时候读这首诗就觉得挺奇怪的，他怎么会有这样的一种豪情，"去留肝胆两昆仑"，后来我看谭嗣同的传记，他年轻的时候，在杨文会的金陵刻经处住过很长的一段时间，研究过很多佛教典籍，后来我又知道，戊戌六君子大部分都有佛学的根底。

我的意思是说，当我们要克服对死亡的本能的害怕的时候，我们不是凭空来克服的，肯定要依撑一个什么东西，把那个害怕给顶出去。这个东西，理性科学是排斥的，如果说科学是一种科学教的话，它是把死亡从我们生活里赶出去的，实际上人的生活不仅仅是在科学或科学教的笼罩下，一个佛教徒对死亡的态度肯定跟我们不一样。我曾跟一个大和尚聊过，我曾经还写过，其中有一章叫"生老病死寻常事"，一个佛教徒对死亡的看法、对死亡的态度，在我们这些不是佛教徒的人看来，会觉得那是非常有尊严、有魅力的，包括刚才举的"911"这样的例子，我们看到有些人面对死亡的时候，他们有美感，有尊严，因为他们有力量，而这个力量不是生物体本身的力量，而是一种在生活中修习而来的外在的力量，我们的生活中缺这个东西，从孔子开始就把死亡赶走了。

**死亡在今天变得那么不可承受，可能还是跟我们生活的原子化、
人的原子化最有关系。**

狗子：我基本同意，但我觉得孔子可能没那么简单，具体
我也说不好，像"未知生焉知死"，我觉得孔子那种对死亡的
观念不是我们这种你说的科学教的观念，他有他的想法。无论
如何，科学对死亡的解释肯定是不能让我们满意的吧，那我们
又没有宗教或别的什么，所以现在大家基本就只能是回避或者
以后再说什么的，我的意思是说应该在一个人生龙活虎的时候
把这事想清楚，至少好好想想。

简宁：我说的就是这个意思啊。因为我们没有宗教生活，
我们把死亡变成了一个彻底丑陋的事情，一个负面的东西，一
个贬义词，当然这恰恰也契合了我们的本能。那对于个人来说，
他没有一种对死亡的知识，死亡对于他是一个完全未知的东
西。直到八九十岁躺在病床上了，唯一会的就像是一个在悬崖
上的人拼命想不掉下去那样，能往平地上挪一厘米是一厘米，
最后啪还是掉下去了，而且也不知道掉哪儿去了。所以我说的
是，没有宗教是个问题，没有宗教就没有了那样一种东西。我
们的生活完全是平面的、世俗的。我当然同意这种世俗生活在

一定的范围内它没问题，可以生龙活虎什么的，但在根本上，它是有极大缺憾的。

嘉映：你刚才说的大多数我都同意，但有一点我不同意，一会儿我说。我先补充一点，我讲生命力和克服死亡的能力成正比的时候，并不是说这个生命力就足够，并不是说不需要教育，我只是说平常是这么一回事儿，但你生命力降低了怎么办，这就需要死亡教育，这种教育我意思是跟生命力不是相反而是互相补充的。

再有一点就是讲到宗教等这些，我岔开聊两句，我正好刚看了《少年派》和《1942》，这两个片子都是讲灾难而且是很根本的灾难，两个片子设置的解答呢是相反的。那个"派"呢，就是信了某一种宗教，是自然教也好还是什么教片子没说，总而言之是一种更高的力量；那么冯小刚那个呢，好像相反，就是那个牧师说："上帝知道吗，上帝不知道，上帝知道怎么还能让这些事儿发生？"这也是神学里常讨论的一个话题，反正冯小刚没给出答案吧。这样也好，可以让我们自己再慢慢想呗。

但简宁你说的关于中国人怕死这事儿你自己都矛盾，你说你在偏远地区看到过不怕死的老人，你讲过几次你的确见过，所以说中国人没有那么怕死。那在自然生活中，也许我们有点儿美化啦，一个农民早早把棺材打好了，放在那儿，儿子孝顺，家里也都挺好，这跟希腊人对死亡那观念一样嘛，什么都挺好的，到点儿该死死去呗。

狗子：我正想问这个，就是关于死亡，什么时候开始，人是这么怕死的？在以前，大片的死亡，战争、瘟疫，人均寿命三十多岁，我觉得那时候是不是人对死亡、对人作为生物体的死亡比较接受，没那么害怕？那么什么时候死就变得像现在这样，几乎所有人谈死色变，包括中国人、西方人？

嘉映：所以，到底有宗教或没宗教会造成什么我也不知道。当然我觉得在某种苦难下，宗教的确是解决的一个办法，反正我就信主，信安拉或信什么，但是不是唯有这条路？刚才简宁讲到中国，我就认为不见得唯有宗教这条路，虽然中国的经验在这方面有点儿独特。就我所知所有的民族都信教或信什么，只有中国人是不信的。但我不认为这点儿差别使得中国人道德败坏啦怕死啊，这都是有点儿把今天的坏情况推演到两千年来中国人都这样，这挺荒谬的，中国人在好多点上跟其他民族没有什么太大区别。

那么说到今天死亡为什么变得那么不可承受，我觉得可能还是跟我们生活的原子化、人的原子化最有关系。简单点儿说，如果你是信主的，那你死了，在那个意义上世界并没有太大改变，只不过就是你死了，主还在，主的公义还在。那中国也是特别明显，简宁讲到孔子，孔子的核心的核心，就是家族传承，就是孝。孔子也知道，人爱孩子超过爱父母，这是人的本能，那么教化、文化就要倒过来，因为本能上人就是会爱孩子嘛，所以你不用教人去爱孩子，你的教化是那个孝，你的规矩立的是那个孝。对于信主的人，你死了主还在，而信这个家族，信这个血脉，这东西在某种意义上比那个主来得还贴切呢，因为你就生活在这个家族中，你就是这个血脉的一支。你死了，的确，有一句话是那么说的，"the end of the world"，世界末日，完整翻译过来那话是，"你死了可不是世界末日"，大概就是指这个意思。

但是如果你的生存变得那么原子化，那你死了可不就是世界的末日了吗？这个我的的确确是有体会的。我父亲死了之后我整理他的东西，一打开他那些东西，他年轻时候同学的照片啊、亲戚的照片啊，我父亲晚年了也没什么事儿，就好捣鼓这些。那些照片我后来还是扔了，因为留着也没什么意义，这些人我也不认识，他的那些事儿也都过去了。人走了，他就把他的所有东西都带走了，人的这种原子化的生存它是一个事实而不仅仅是心理上的。不像以前，人死了我们供一个牌位，然后要去想念。可能以前从皇帝到老百姓，最大的事就是祭祀，没有比这个事儿更大的了，那么你要生活在那样一种传统和氛围里头，你就会觉得你死了但其实没有那么"the end of the world"，世界还在，只不过你走了就是了，所以我觉得这不是一个中国人的问题，而是一个现代性的问题。

狗子：那么既然现在个人生活这么原子化，死亡变得让人这么不堪承受、无力面对，这么严酷的问题，为什么大家都采取一种逃避或回避的态度，而不是面对它并试图解决？死亡，这是一个事实嘛，没有比这个更肯定的事实。

简宁：至少跟老年人要回避，你跟八十岁以上的人狂谈死亡，那太不礼貌了嘛。

嘉映：嘿嘿，就像学生们在我面前都不敢说老啊什么的。

狗子：是啊，因为如何面对死亡这事儿没解决嘛，那八十岁以上面对这么一个太近的马上要发生的又是无解的事儿，那更得回避也只能回避，问题是那早干吗去了？

简宁：比如说佛教徒，他不会把死亡当成一个完全虚无的事儿。真正的佛教徒，他会相信他死了之后还会有一个中阴身，是个往生，不是归零了。我们不说这个知识本身如何，我们要说的是佛教创造了这么一个关于生死的知识体系，这个知识体系本身也是一种权力。死亡本来是个日常的事儿，但是我们现在把死亡变成一个不能触摸、神话似的东西。这是一个知识体系的建构问题，我觉得这实际上是现代化的权力的阴谋，不一定是哪一个具体的权力。

宗教生活自打有人类社会以来，就是特别大的一块儿，源远流长，而我们现在的生活把这块儿给赶走了，只剩肉身。我们关于死亡的知识被赶走了，虽然这些知识也是一个神话。问题是，驱赶者是以科学的名义出现的，刚好跟我们眼见的事实符合，就是人死了就没了。可是真是这样吗？你比如佛教知识说，死亡之后多少小时那个中阴身还在活动，只是脱离了你的肉身，就是说，把人的全部只局限在人的实在肉身，这样一个很现代性的说法，是一个现代权力作用下的结果。

除非你说人类就是在走一条万劫不复的死路，那就真没治了。

狗子：那这样的权力的阴谋怎么来的呢？它怎么作用到人对死亡的这种态度？它为什么要达到这样的结果？

嘉映：这事儿吧，我不是这样想的啊，我不是回答狗子的问题，因为我不是那么想的。我觉得现在的好多问题变得挺棘手的，根本的原因是我们不再像古人那么想事情了。但在这一点上也不能完全怪我们，你像中阴身，你像伊斯兰教的天堂，或基督教的末日审判，这东西不是你想信就能信的。你说这事儿好，信了上帝末日审判就不怕死啦，这不行，那个信得是从内部来的，不是说有一好处然后就能信。

所以呢，现在的确常见的有两种想法，一个是说，现在出现了好大的问题了，怎么办呢，咱们回到以前去。保守派就这意思，在外国就是说大家还是要去信宗教，在中国就是我们回到儒学。儒学至少在他们的理解里跟简宁是相反的，就是说儒学正是解决这些问题而不是躲避这些问题、赶走这些问题，我们传统的儒家是那样的。但问题是，不是你说回去就能回去。你说以前这好那好，但它也连着那不好的东西呢，我们就是为了克服那不好的东西，才走到现在这样，真让你回到明朝去——这是另外一个大话题——总而言之我的结论是你也未必真想回去，是吧？你说我别的都不回去就单为这事儿回去，我也知道太阳啊行星啊细胞学啊，我就是像古人那样信什么，它不是那么回事儿，回不去了。除非你说人类就是在走一条万劫不复的死路，那就真没治了，但是就没有什么道理让你先天就这么说。

所以，那另外一个就是，我们是面临这些棘手的新问题，但是我们也多了好多新的资源——我们现在讲的是思想和感受的资源，比如我们现在有自由思想吧，那以前，中世纪的时候你的思想受到基督教或者神学的束缚，在中国传统社会也有好多事儿你不敢想不能想，诸如此类，所以你要做的是把新的思想调动起来解决你的问题，而不是说我们就退回去。而是就着我们现在的资源，我们的知识、我们知道的事儿、我们的生活方式，怎么能够培养起一种更厚的生活观，而不是一个原子的生活观。这种培养，绝不是从什么地方找到一个什么，更不是愣去建一个教让人去信，就是说这东西必须得在我们的生活里，只不过我们没看到或没培植它。有没有这个东西，我也不知道，但是，这是我个人的选择啊，不是回到宋朝回到基督教，而是看看我们所知道的这些事儿，里头有没有能够培养起一种更厚的生活观的东西。在另外场合我也说过，在某种意义上，现在方方面面都是这样。你比如说现在有对真理的怀疑论，我们干吗要信真理啊？到底有没有真理啊？真理不就是好用嘛，是吧？以前人就不这么想，那你让我们对于真理像以前人那么想也不可能，你必须得在我们现在的情况下来看看，到底离开真理我们能不能活，我这是插进来的作为一个平行的例子。

死亡问题，只在理智上求索大概是解决不了的。

狗子：那么就是说，借张弛那个说法吧，谈死亡这事儿只有从宗教或者哲学方式来谈，否则越谈越糊涂。我是想说，面对死亡，我们可以去读宗教书籍或请教大师，能信个教最好，但恐怕我们基本不可能；或去读哲学，从哲学里能不能找到答案，我觉得也够呛，就是说死亡这事儿，我不信宗教，我不懂哲学，是不是我就没招儿了？

简宁：至少我们可以吸取宗教或者哲学里的一些营养吧。我岔开说一个现状吧，就是对多数人来说，面对死亡，一个招儿就是觉得死亡比较远，等岁数大了或病了，甚至到在医院里最后几天再说，这之前的恐惧全是浪费时间，远着呢，跟你没关系，全是自己吓唬自己，这是第一。第二就是所谓"暴死"，那是你的运气，你根本来不及害怕就死了，有人会这么想。

狗子：你说的这两点，一个是真正的死亡，就是最后那几天，到时候再说；一个是暴死。如果我们对死亡只建立在这个上，那当然也是一种态度，这就像那种靠麻醉品或毒药来对付死亡，或者喝晕了什么的。这些招儿我觉得都不是正招儿，我意思是得明白了死是怎么回事儿，然后直面它，我觉着你说的那些不是面对死亡的正常途径吧。

简宁：那老死总是正常的吧，安乐死，会不会五十年后安乐死很正常，人人都可以自己决定。

嘉映：这些都有可能，我明白狗子的意思，就是他不是说在讨论怎么来对付死亡这个事情，他就是想明白死亡这个事儿。

狗子：嗯，就是既不是安乐死，也不是暴死，或老死睡过去，是在你清醒的状态下，可以坦然面对死亡。

嘉映：对，跟八十岁五十岁没关系，狗子的问题也许可以这么提，为什么我们可以不怕死？明白了这个，我们就可以真正有路径去做到不畏死。但这个"为什么"，只在理智上求索大概是解决不了的。我还是举传统社会的例子，在以前，一个人子孙满堂就意味着会有人祭祀他，他就不怕死，但不是说他因为知道祭祀就不怕死，当然他是知道，但更多是他感觉到，他就活在这么一个氛围里或者说活在一个道理里面。生活在那么一个道道儿里面，在这一点上我倒是挺同意张弛的，对死亡，一个就是宗教的途径，一个就是明白的途径，那明白就是哲学的，跟哲学理论什么的都没关系，就是在一个意义上说是它有个道理在那儿，这就是我所理解的哲学，就是它得有个道理在。我现在想说的呢，有没有这么一个道理，要是有这么一个道理的话，能不能把它培养起来，我就是这个意思。

说到这儿，我顺便也引用一句话，特别有名，就是有人问苏格拉底："哲学是什么？"他说，哲学就是为死亡做准备，这话可太有名了。

狗子：知道，听说过。

简宁：苏格拉底本人也是这样，我觉得你应该重讲一遍苏格拉底对死亡的故事，他怎么能做到坦然的？

嘉映：呃，苏格拉底他比较明面儿的理由是这样的，人家让他跑，他不跑，理由是，我生在雅典，是雅典的法律保护了我，就是我一生都是受到雅典的法律的恩惠，现在这个法律的判决可能是错的，但不能因为这个东西对你好的时候你就享用它，对你不好的时候你就躲避它。

狗子：里面也是有一种感恩？

死亡涨满了生命的帆。

嘉映：说到"感恩"，这方面我也想得挺多的。经常有人告诉我，你是一个哲学家，但这方面的事儿你解决不了，这得靠宗教来解决，死亡啊、人生意义啊什么的。我也认识好多信各种教的，信佛教的信基督教的，真信，效果——你要说效果——都挺好的，我不具体讲那些例子了。我的想法就是信教——人家就是那么说的——不能那么世俗地讲我去信或不去信，那是一种恩惠，上帝的选民嘛，是它找到你而不是你找到它。

我们几个人在这一点上可能都一样，就是几十年来也读佛也读基督教这些书，我们也并不是无神论斗士非要跟人扛着，但你就是没信，你就是没到那儿。那我只能在张弛说的哲学范围内想这事儿，宗教这事儿不是你能想的。好多事儿的确要倒过来想，就是事实上就是那样，首先就是生命是一种恩惠，如果你说生命这个恩惠不是上帝给的，是谁给的呢？简单一点儿说，就是死亡给的。大概是在我第一篇发表的文章，叫《海德格尔〈存在与时间〉简述》，我说"死亡涨满了生命的帆"。要是人没有死亡这回事儿，人是不死的，当然也不会去做任何事儿，时间如果是悠悠无尽，你不可能去爱，你不可能去心疼。就是，你的一切美好的感情一切美好的东西，都是死亡赠予你的。在这个意义上我倒觉得，你与其说是上帝——当然你要是信上帝也罢，不妨说，在一个我认为很能感受的意义上，这些是死亡赠予了你的。

那死亡到底是什么呢？一个铀235原子被轰了变成两个粒子不再是铀235了，这不是一种死亡是吧，它就是一种变化，从一种状态变到另一种状态。那我们说的死亡肯定不只是一种状态变到另一种状态，海德格尔说过，"只有人是有死的"，他的意思简单说只有人是知道死的，正因如此，所以才让你成了"人之为人"，你才有了我刚才说的人的思考、人的追求、人的爱、人的珍惜……这大概是一条线索或思路吧，也是我想的比较多的一条。

狗子：这条线索，就是死亡让生命涨满了帆，怎么说呢，我希望人能在这一条思路上培养一种真切的认识。现在的人明知道是必死的，但在实际上好像还觉得人是可以不死的，例如隐隐约约有一丝希望医学奇迹包括延长寿命一倍这种，所以人的生命或说生活有时候就会变得比较无所谓爱谁谁那种。

当代意识形态的一些东西的确给我们的生活造成了一些危险。

嘉映：对，在这点上我跟一些朋友特别有一种同感，就是当代人对生命和死亡的那种态度，觉得真是太过了，真是太过了。

狗子：怎么叫太过了？

嘉映：呃，倒过来说吧，以前，如果你战败，就被杀掉，那是一个挺自然的事儿，无可非议；或者你的亲朋死了，当然你会悲痛，但没那么不可索解，因为死亡就是 It happens（它发生了）。当然更根本的就是我能面对自己的死亡，就是刚才所说的打一口棺材，放在屋子里，丰收了，粮食装不下，我就把小米什么的装进去，当个缸似的，真到快不行了，赶紧把这些腾好，寿衣做好，临终的人呢，他要看这个看那个。他多少觉得这就是一个挺自然的过程，不是多么不可索解的结局。

那么说到这儿，我刚才说的我们的生命在刚才说的那个意义上是死亡赠予的，说到这儿，另外一个呢就是，我们到底是不是一种原子式的生存。我当然承认，这种原子式的生存不完全是我们想出来的，它是一个社会现实。但是呢，我们是不是一下子就能成为割得完完全全那么干净的一个原子？这是牵扯到一大堆问题的话题。

简宁：这是一个特别重大的问题，比如我们知道那种农民式的死亡或者宗教徒的死亡，它其实也是我们生活中的记忆嘛，所以你说我们如何在生活中培养起一种新的对待死亡的方式，我说这个新也不是完全的新。

嘉映：当然，当然。

简宁：就是说，我们就算不是佛教徒，不是农民，我们可以学习佛教里的知识，体会农民的态度。你比如我爸，我孩子出生第二天他非要回老家，我说你这太不符合情理了，他自己买了张火车票，上铺，看我急了，他偷偷又把票退了，然后过了一个星期还是回家了。原来之前他听信了一个算命的说他今年要死，他唯一的念头就是我不能死在北京，死在北京他们就要把我烧了，然后回到老家他自己张罗棺材什么的，弄好了，没死，好几年过去了。我想说，这就是死亡知识、死亡教育。我爸不是佛教徒，他也没有什么理论知识，但是他的人生阅历在那儿，他经历了很多事儿，该撒手的时候就撒手了，他就是有这种态度。

我觉得我多多少少能从他那里学到一些东西，这个学不是生硬的强迫的，而是说我爸是这样的，这也是我的生活，我从中可以培养出我的一种态度。在如今城市里，我们的主流生活有许多缺陷，比如养老院制度落后，特别是在医院里非要抢救到最后一秒钟，我极力反对，这就不是一种无畏地面对死亡的态度，这恰恰是把死亡神话打破的一种态度。所以我特别同意嘉映说的这个，人是真的这么原子式吗？我前面说的权力阴谋就包含了这个意思，就是我们这样原子式的生活状态，实际上是个阴谋使然。

嘉映：我不叫它阴谋吧，反正是一个巨大的意识形态，它跟好多东西都连着，包括我讲那个实践传统的时候也会触及这个，我能干什么呢？就是，不是直接要改变什么，但是，的确是可以去瓦解，去瓦解那个意识形态吧。比如肯定要做的一个事儿，就是所谓的"利益最大化"这事儿，现在首先是把商业说成"利益最大化"，然后是把所有人的生活说成"利益最大化"，这个肯定都不对的。人的生活肯定不是，这个应该是挺明显的，连商业也不是。但是当代人把这些当作那么理所当然，这种"利益最大化"当然是跟个人生活那种原子式的想象配套的，它是一整套的意识形态下的东西。你想，如果你的生活不是以原子式的来计算，你都算不出利益是变大了还是变小了，何谈利益最大化呢，所以这些它是连在一起的。

这当代意识形态的一些东西呢，在我们的实际生活中是造成了一些危险或带来了一系列棘手问题，这个前面说了，面对这些问题，第一我们回不到过去，第二我们只能在现有条件下寻求解决办法。

简宁：说到现代医疗……我想起巴金，在那么漫长的时间里一直靠医疗设施来维持肉体的生命，这个完全是非常反动的事情。

嘉映：那巴金自己说什么你知道吧？巴金就直接说你们不是为了我，你们是为了自己，你看那么老了但这点他还清楚。

简宁：这点巴金还是挺牛的，其实完全可以更人道地、更合情合理地、更体面地走完生命最后这一程。

狗子：嗯，我对我父母也这样想，不过现代医疗又是另一个事儿，还是说现代生活的原子化也好，说现代阴谋也好，就是我们现在怎样培养我们面对死亡的态度，因为这个死亡教育现代肯定是缺失的吧？那么我们现在在死亡教育这方面能做点儿什么呢？哪怕从自身做点儿什么，能让自己以及朋友以及更多的人对死亡有个不那么恐惧或说正确的态度，我不希望的是要么就是怕死，要么就是浑浑噩噩忽略死就这么样了这种。

虚假的意识形态遮蔽了我们真实的生活画面。

简宁：这听起来像是一个巨大的工程……就着刚才嘉映说的，我们生命中所有的东西都是死亡给予的恩惠，我觉得该从这个角度深入下去，好好去思考。对，如果这个话是个主流话语，不光是在浮面上说说而已，在情感上、在私下的生活中也成为主流的话语，那么死亡所带来的这样的压力就会大大地减轻。

狗子：我就是想问，如何让这样的话更主流一些？

嘉映：单就死亡教育这个问题，当然这是那么大的工程，每个人做他所能做的，小说家、思想家、生活中的人，那对我来说，我是干这行的嘛——所谓讲道理，所谓求真，但我觉得没有谁能够用那个正确的思想去启蒙那个不正确的思想。启蒙这个说法我就不是特别能接受，我不是说这个说法完全错，我的意思是说，本来你只是要去发现真理，而不是你有一套什么东西让人家去信，你要把那个真的东西拿出来。当然这就包括了去瓦解那个阴谋也好意识形态也好，那种意识形态不是因为别的，而是因为它是错的，它并没有真正地在说明我们的生活。我们在生活中有好多好多内容，但是主流话语它就会挑出其中一些组织成一套话语，然后我们就都跟着这一套去想，这就掩蔽了我们的真实生活画面。而我们也没有一份脱离了主流话语的真实生活，事实上我们的生活因为这套话语的影响变得虚假起来。那我们只有去努力把我们认为真的东西拿出来，大概我是这样想的。

然后再谈死亡。一开始就说了，怕死得在好几个层次上谈，一个意义上我们都怕死，都躲避死。游泳游到三千米开外，发现，哇那么远，都会恐惧，都会游回来，当然你可以克服它，但那恐惧是真实的。这个真实也是一个要被说的话，要被正常谈论正常面对的。我就想起伊迪丝·汉密尔顿讲到希腊，说在罗马会经常听到这种话，什么为祖国而死，死得其所死得光荣，她说在希腊人们就不这样说。在《奥德赛》里有一段特著名的场景里的一段特著名的话，尤利西斯不是在海上漂嘛，他漂到冥河边上，在那里见到了好多游魂，也见到阿基里斯，那是NO.1的大英雄，他对奥德修斯说，哎呀，死亡真是不好啊。我忘了那原话是怎么说的了——意思是我宁愿当个默默无闻的牧人，我也想要活下去，我也不愿意作为英雄而去死。（有一个中译本这么翻译的：我宁愿做个帮仆，耕作在别人的农野，没有自己的份地，只有刚够糊口的收入，也不愿当一位王者，统管所有的死人。）

伊迪丝拿这段话跟罗马的那种意识形态去对照，伊迪丝满脑子都是希腊最真实，所以她就是想说，你看，你不能用那种英雄主义去掩盖，在这个层面上我们是愿意生的，所有这些都是虚假意识形态的一部分。在一个基本的意义上，死亡是贬义词，但在另外一个意义上它就不是贬义词，甚至会成为一个褒义词，但并不是说因此就要把这个死亡变成一件好事儿，而是我们要把这个事儿一层一层剥开说清楚……我说的要去掉遮蔽，把真理或真相拿出来就是这个意思。

狗子：那你再说说，说说清楚。

嘉映：哈哈，这，这咱不是正努力呢嘛。

而今这些不当的或叫欺骗性的说法，或者更习惯把它叫作遮蔽性的说法或意识形态，这些东西遮蔽了我们的真实感受和生活的真相，然后形成的那么一套主流话语。要瓦解这套话语——当然瓦解本身就是因为你能说出什么道理来表明它为什么是虚假的，那么被瓦解之后这不就腾出了这么一个空间，让你的对话者能够更自由地去思考这些事情或者感受这些事情——就不要把自己的感受一上来套在一种主流话语里面。

狗子：那么，比如我要这么直着问你你会怎么说，就是，你怕死吗？

嘉映：嗯，在那个意义上，我觉得我不是特别怕死，相对来说，我比大多数人都相当相当的不怕，我们刚才说了在一个意义上大家都怕死啊，我说的不是这个意义上。我可以这么说，可能一部分是来自天性吧，头两天我们少年时候认识的一个人写文章，说到我那时候在楼顶平台上那么跑啊追啊，这可能是天生的，跟你任何思考都没关系。我们现在说的可能是思考的这部分，我刚才讲那些不是编出来的，的确是你能感受到的，感受到世界是主要的，我们是过客，用伽达默尔那话说，在这个游戏——"Spiel"这个词在德文里范围很广，我们翻译成"游戏"，实际上他就是说活动或者事儿吧，就是在这个事儿里，事儿是主要的，游戏者是次要的，游戏者参加进来，然后退出游戏，整个生活是要保持这个游戏这个活动的生命力……那在这方面我觉得我感受挺深的，就是在这个意义上，事儿比我重，事儿比我有意思。

简宁：这是不是一种"类"的意识？类的意识超过了个体的意识？

嘉映：我觉得不是"类"，这个又是一个大的话题，不是"类"，就是那个事儿，这是一个大的话题，有点儿精微。有点儿像简宁老爱说的，他说到文学，爱说要紧的是那个作品不是那个作者。我要说倒不是那个作品能够千秋万代，这个千秋万代也是一个虚假的意识形态，就是这个作品重要而不是有赖于它能千秋万代，而在于你在伺候那事儿的时候你的生活才最饱满，是吧。就是你要把事儿做好，无论你是写书的人写书，带孩子的人带孩子，或者像李冰父子修都江堰，都江堰当然千秋万代了，但这还不是最重要的，最重要的是他们在做这个事儿，最后可能我们连李冰父子是谁都不知道，当然我们可以纪念他们，重要的是他们修成了都江堰，修成都江堰重要。

狗子：你说的这些我多少能理解一些，但我还是想说，大部分人没这个想法，大部分人还是要么怕死要么忽略死，就这么过来了。为什么大部分人没这么思考或很少这么想？

嘉映：嗯，这个有吧，我觉得现代生活的确在造成那种单子化的倾向，这肯定是加重了对死亡的那种恐惧，而我们的意识形态一方面加重了我们对单子化的想象，另外一方面又加重了我们实际上的单子化的生存。前两天，我这扯开了啊，就是《南方周末》评论版的编辑跟我通信，主要是读《价值的理由》的想法和问题，然后他还转给我一些读者来信，里面有高官，好像是个副部长之类的，还有中学生。他就说从这些来信中看，我们做编辑的千万不要低估了读者的水平，好东西还是有人读，而且他们很有理解力。他就讲我们要创造这种沟通，我说是，这不是那种启蒙的心态，那种真理在我手里然后我教给你真理，在很大程度上是一种同气相求，就是你得在那儿，你其实对主流话语也并不是那么认为和感觉的。我常举的例子是那个，就是我并不是要开豪车住豪宅，但是我有时会觉得我不开豪车住豪宅这好像有点儿不对了，是吧？既然我各方面都有这条件，乃至于，这我也见过，乃至于他过一种更贴心的生活时他反而觉得不对，过一种不是豪车豪宅我们都觉得挺好的那种生活，他会觉得他是不是出了问题。所以如果能通过交流沟通，他就会觉得没那么孤单，会觉得那是一种很正常的想法，更好的想法。他自己先得有那个东西，它就在那儿，你去除掉遮蔽，它就显露出来了。

在很大程度上不是你要告诉他什么，而是他想自由地感觉，于是就有了一种应和。当然他可以选择别的路子，比如，你说神在你死后许愿你好多事儿，如果他信这个那他就去信，如果他觉得挺好我不会说什么，虽然我不信，我也会告诉他我不信。至少我们看到解决这个问题的路子不只是你这一条路，还有人有另外的路去解决这个问题。

简宁：我想到一个例子。今年四月份我去浙江奔丧，一个朋友喝了一场酒死了，是个女的，四十来岁吧。我到了浙江，她的妈妈，特别有意思，我去之前以为这个老太太会特别特别悲伤，但去了以后不是那样——我这也是说一种遮蔽，就是老太太不仅没那么悲伤，甚至好像还有那么点儿喜庆的意思。我就觉得挺奇怪，后来和她老人家聊天知道，一个普陀山的和尚告诉她，她闺女是观音下面的一个童子，应召而走，所以走得这么急。这个老太太也修行，我也知道老太太世俗方面有很多麻烦，债务啊、纠纷啊，这一两年把这些事儿丢开了，在一个道场集中修行。像这样白发人送黑发人的事情，老太太是这样的反应，这在我听来完全是个神话，无法验证真伪，但她就那么想。我想说在伦理的范围内，求真不是第一位的，包括方舟子和韩寒的那个事儿我也这么讲，在伦理的范围内求真，我们的目的何在？一方面我们是要求真，但在这个求真的冲动下，有时候我们要知道止步，要适可而止，像鲁迅小说写见到人家刚出生的小孩，说这孩子将来是要死的，这是真的，但这不是煞风景嘛。

这个老太太对她女儿的死选择了那么样的一种神话说法，不管真假，反正在这件事情上这个神话把这个老太太给托住了，就是女儿死了但她没崩溃。要是没有这样的神话，我们一帮人呼啦啦涌过去，结果这个老太太崩溃了，这是常态，那我们这帮人怎么办啊？所以，在我们的日常生活中，除了真这个向度，还有另外的向度，而另外的向度也不是不重要的。

嘉映：反正在最低限度上我可以说，在伦理世界中真理是有场合的。

那么层面上没着没落的无所归依感，你就让它那么着好了。

狗子：那我这么着再说一遍啊，像我这样的，我依然怕死，我也想搞明白这事儿，想怎么能做到尽量坦然，那你们作为朋友，启蒙启蒙我，除了读书思考，在死亡教育上，我还应该怎样？或假设我现在还剩一周，那我该怎么办？

简宁：那咱们就来解决这一周的事儿，首先所有人都是要死的，没人能逃避，这是不是能有所安慰？是不是你能好一点儿？嘉映这样的都要死，我一想到这个我就……

嘉映：乐啊。

简宁：是啊，所有的人，总统主席秘书长。

狗子：我没有这种安慰……我就还有一周活头了，你跟我说反正所有人都是要死的，这不解决我的问题啊。

简宁：这个我听做医生的朋友讲过，真的到了最后时刻，死亡不可怕了，那是一个过程。一开始不论你是哪儿觉得不对了、呼吸困难之类的，大夫给你抢救，那么多管子插上了，强心剂什么的，一会儿你可能回来了。一开始你可能非常虚弱，意识开始淡薄，有幻听啊，或者也听不见了。人是昏昏沉沉的，没有任何能力的状态下从浅昏迷进入深昏迷，完了进入衰竭，死亡。就这个过程你没能力想，哎呀，我是不是要死？都是你有能力或挺好的时候才会那么想。

狗子：这些，还是没有死亡观吧，或说我希望有一个正确的死亡观吧，当然还有一周也培养不起来了，所以为什么不从现在开始培养？如果从现在开始培养，能做什么？

简宁：那比如像死亡你必须接受它，这个你现在可以培养吧？

狗子：从道理上我无条件接受。

简宁：有条件也得接受。

嘉映：但他就是没感觉到，这个没感觉到，哎，这问题咱先聊到这儿。我想起一段经历，就是他说的那种怎么解决的问题。曾经我有一个特别熟的人，她得了肝癌，晚期，你看这时候我们中国人吧，骗她呗，不告诉她呗。结果她自己跑到大夫办公室去翻她自己的病历，就知道了。

简宁：崩溃了？

嘉映：那没有。有天我还像以前那样去看她，就是装嘛，拿着吃的喝的就来了，进来一看她那样，觉得不对，你说什么她都无动于衷。然后你就老实了吧，也不敢装了，就坐那儿等她说话。她说，我看了，肝癌晚期，没多少天了。你说我怎么办啊，拿死亡观来解释？后来我们就是坐在肿瘤医院病房的平台上，看着下面，就是我七八岁时第一次对死亡有感觉那种。两个人就那么坐着，看下面的人下班，在街上走。你刚才问我怕不怕死，在我刚才回答这问题的那个层面不是特别怕，但对于我七八岁时的那种感觉，那是怕的，这可能有点儿匪夷所思。我记得特别清楚，我那会儿有了这个对死亡的感觉之后，没几天全班组织去北海春游，那时候我二年级嘛，玩得特别开心。就在到了山顶上最开心的时候，突然一下一闪念那个感觉又来了，一下子我就觉得，喔……就是这种场景在我这几十年里总是有的……你说，我克服它吗？我这是现说现想，我没有在这个层面上培养过一种死亡观能够克服它或减弱它，它还是非常强烈，但是我觉得在我刚才说的那个不特别怕死的那个层面上，能够培养起一种你说的死亡观。好像就够了，好像，就够了。就是让刚说的那个层面上没着没落的那种无所归依感，你就让它那么着好了……

我不知道我是不是说得百分之百对啊，但此时此刻问我，我大概就是这样的经验、这样的想法。

简宁：刚才嘉映说到"死亡是一种恩惠"的时候，我觉得这句话离我一点儿都不远，不是那种"哲学的话"。我觉得这话真真切切，所有你生命的意义都是死亡赋予你的，当你面临死亡的时候，你再想想你这一生，啊……还有如果当你老到还不是不能动的时候，你还可以去做你想做的每一件事儿——我快死了，我知道时间不多了，我可以把这事儿那事儿安排好，比如把我的欠账单列出来，我看谁能替我还了，我实在是还不了了……

嘉映：是否来得及安排你的事儿，大概要看你的身体情况。但回顾一生——我有过几次接近于那种经验，我不知道有多少普遍性，平常也不说，在这儿正好是这么一个上下文，我就瞎白话白话。

我在犹他州那个悬崖上直线摔下来，自由落体，你用自由落体的计算大概是能算出来，大概是两秒钟或三秒钟吧，但当时的感觉是相当长，脑子里过了好多好多事儿；不光脑子里过事儿，这时候眼睛看东西也特别慢特别清晰。我不是往下掉吗，身体离那个崖壁也就一尺两尺的样子。阳光打在峭壁上，冬天，峭壁上有一些绿色的小植物，特别小。那是很冷的地方，你就看着那个植物升上去，岩石升上去，那个恐惧是一丝一点都没有，一丝一点都没有！我有好几次这种经验，这是其中一次，我这撮白头发就是那次摔出来的。

简宁：那是什么时候的事？

嘉映：1984 年，我跟住在一起的一对夫妇到犹他去玩儿，去滑雪，我们那个滑雪不是 down hill（下坡），就是 cross country（越野），就是越野滑雪，滑完雪就到了一座山。那时候年轻，三十多岁，见山就想爬呗，也没受过什么训练，就有两个崖子，他们在那个崖子，我在这个崖子。他们叫我我就想过去，很近嘛，我就扒着我这边的石头想悠过去，我觉得那石头很结实没问题，结果人刚一悠石头断了。这头怎么开的呢，就是人掉下去石头也砸下来了，被砸开一个口子。

狗子：当时你昏迷了吧？

嘉映：好像没有，那对夫妇找到我后，男的去找救护，那女孩守着我。据她说我是昏迷了，但我觉着整个全过程我都有意识。

狗子：恐惧吗？

嘉映：没有，从头到尾一点儿都没有。

狗子：有多高啊？

嘉映：那个崖壁是有弧度的，大概头三十米是自由落体，然后就是往下蹭着那个斜坡出溜了大概有三十米吧，当然出溜得很快。

狗子：就是你着地那刻不是拍下来的？

嘉映：对，要拍下来那肯定完了。

简宁：后来休养了多久？

嘉映：没多久，两天啊，就是除了头开了个口子，腿啊什么的就是挫伤，没有骨折。

有没有一个正确的死亡观，对一个人生命质量的影响是很不一样的。

狗子：是，我是觉得对于死亡还是应该多想，这可能每个人不一样，像嘉映，他从哲学层面可以想这个事儿，还是非常有力量的。其实现在好多人学佛什么的，也是想从那里获得一种力量吧。

简宁：在这个科学至上的时代，按马克斯·韦伯的说法叫"去魅"吧，我非常之怀疑，因为你不能说这两三百年才是人类生活的正道。一方面我同意嘉映说的，我们人就是走到今天这一步来了，你不能假装没走到；另一方面，我们这种"去魅"，这种斩钉截铁地排斥，本身是有问题的。比如正视死亡这个东西，你不能说不谈宗教，不谈哲学，你就眼睁睁地看着死亡，我觉得不是。恰恰是宗教、哲学、风俗、神话，每个人在这些东西构成的依托下，面对死亡有一种确实的姿态，这是正视死亡。我想了很久，就是谭嗣同的那首诗，"我自横刀向天笑，去留肝胆两昆仑"，他怎么这么想呢？而且他的确也这么做了，他怎么能呢？他可以跑，大刀王五还救他，他有逃生的希望啊。后来我知道佛教对谭嗣同的影响很大，他对生死的看法跟我们通常没有这种教育的人是不一样的，如果我们不知道这些，我们就只看到谭嗣同的这种姿态，这种豪情，不知道它是从哪儿来的，就是一种所谓"革命豪情"吗？

狗子：对，谭嗣同也好，你刚才讲的你父亲也好，我刚才想说的，就是在我们这个科学至上的时代，在死亡教育上，不要说佛教了，可能也远远不如传统的农村啊。我们是彻底缺失，但为什么这种彻底的缺失似乎大家都没有觉知？

简宁：现在一方面我们是没有这个死亡教育，但另一方面我们要看到，各种宗教里，起码佛教、基督教、伊斯兰教，他们是有死亡教育的，宗教的课程就是关于死亡的知识。

狗子：这个对啊，我意思是，那么现在如果不信宗教，怕死这事儿就没办法了？

简宁：要这么说的话，那比如我可以不是基督徒，我也不是穆斯林，不是佛教徒，但是我如果可以了解一些基督教、伊斯兰教、佛教里对死亡的知识，这些知识在你身上应该就会有化学反应，它也可能构成你个人的死亡观，我们起码能够从这些知识里面吸收营养。

还有，狗子你说我们没有死亡观，提起死亡大家都害怕，但对大部分人来说，这顶多是一瞬间的事情，没人会因此影响自己的日常生活，比如我周围的同事、朋友。

狗子：其实我想聊的也包括这个，就是对于没有死亡观的人们，你表面看可能不影响日常生活，其实是很深刻地影响到他们的生活，跟有死亡观的人相比。

简宁：这我同意。

狗子：我觉得生活中好多不好的东西，就是因为没有死亡观造成的。比如说吃喝玩乐，比如说贪污腐败，比如说各种不负责任。当然像贪污腐败并不是人人都有份，我意思就是对大多数老百姓来说，有没有一个正确的死亡观，对生命质量来说可能是很不一样的。一方面这个时代让大家对死亡这么回避，另一方面它又提供给大家各种回避死亡的条件，诸如各种及时行乐，等等，然后让大家就这么过下去了。

嘉映：你说的这个我有点儿感觉，但没怎么好好想过，诸如人生几何吃喝玩乐呗，这个算是有死亡观吗？

狗子：这不算吧。我有一发小儿，几乎无话不谈的那种，谈到死，他倒是也不怕，他不怕的原因一个就是刚才说的，死亡还远，六十岁以后再说。他现在的生活就是以他儿子为中心、被他儿子填满的那种，谈起死亡，他老爱说"人活一世，草木一秋"，他根本谈不上怕还是不怕，遗憾还是不遗憾，人同草木一般。我说，你儿子要是知道你是这么个人生态度，他会满意吗？他说不知道。如果这也算是一种死亡观，我觉得是一种不那么健康或叫不那么正确的死亡观吧？

简宁：那曹操基本就是这么个态度吧？

嘉映：曹操那首诗有点儿这个意思，但也不全是吧。"譬如朝露，去日苦多"，但他最后是那个"老骥伏枥，志在千里"，你就看这首诗，有时候不是一个观念就把一个人全笼罩了，可能几个观念那么此起彼伏着，互相关联着，几个观念转来转去那样的；还有像"人活一世，草木一秋"这话，好多时候是人在某种场合、某种上下文里就那么说了。当然还有另外一方面，可能对大多数人来说，他不是老在那儿认真地想事儿，他可能会以另外的方式去感受、去对待这个事儿。

简宁：大多数人可能偶尔一闪念会想一下死亡，平常你说活得好好的干吗老去想死亡啊。

狗子：是啊，大多数人是这样，我意思是既然大多数人都那么怕死，然后呢，大家都有各种招儿来对付这个死包括回避，但我觉得那些招儿都不是什么正招儿。

嘉映：这个我也有点儿同意，除了这个有保留——就是有时候人也只能依赖他已有的那些资源来面对。

狗子：那换一个角度说，不管是哪个层面的怕死或不怕死，我先这么问：你想长生不老吗，如果真有一种药的话？

嘉映：呵呵，这个我也读到过一些，也反省过，好像挺难回答 yes or no（是或不是）的，说想长生不老可能夸张了点儿，但反正好像那个愿望是有的。嘿嘿，好像还是一种隐秘的深层的愿望。你清醒的时候不这么想的，你真长生不老生命本身也没有了，这是可能比较哲理的说法。再简单说，这个的确也有人说过，就是你慢慢的吧，就不新鲜了。你看那两三岁的孩子坐在车里扒着窗子往外看，看着外面那个新鲜，其实可能啥也没有，就是京昌高速路。我在这方面从小到大一直也这样，就是不管什么都趴在那儿看。记得一次在意大利访问，我跟刘小枫坐车里一人一边儿就那么往外看，车里人跟我们说话也爱答不理那种。其实外面就是黑夜，没啥，人说你俩干吗呢，看啥呢？就是新鲜，哪怕就是看那黑夜也挺新鲜的，等到你把那新鲜都看完了，像西西弗斯似的，一遍一遍地重复着过，那玩意儿也难受呗。

狗子：简宁你呢？

简宁：没想过，神话故事倒是看过长生不死，但没往自己这儿想过，不过我想要是人真的长生不死，最后肯定是想死。

狗子：对吧，这个，有一部小说就说到这个，说那是一个人类可以长生不老的世界，在那个世界，死亡就会变成一种人人都争着去要的东西。

简宁：最后肯定就厌倦了嘛。

嘉映：对，厌倦不至于到自杀那么强烈，但可能也差得不远了。想到古代好多皇帝，像秦始皇、汉武帝拼命找长生不老药。但也有例外，你知道英文叫"mortal"、我们有时候翻译成"凡人"的这个词，就是有"死的"这个意思，所以像海德格尔基本从来不爱用"人"这个词，爱用"mortal"这个词，因为希腊平常讲到"人"的时候，就爱用"mortal"。在希腊，人和神的主要区别就是神不死，人死，它就这么区别开了。希腊那神不像基督教上帝那样高高在上，希腊那神啥都干，谈恋爱、互相欺骗、打架，但他跟凡人这一点不一样，就是不死，不仅长生不老，而且老是过得那么快活，精力充沛的。

没有什么道理非要修到不动心。

狗子：有没有必要或者可能把死亡教育像性教育那样普及推广？

简宁：我觉得几乎不可能，对于佛教或基督教，死亡观是这个宗教体系里的一部分，不能脱离那个体系单单来说死亡，像嘉映这种理性的对待死亡的态度，要普及的话恐怕很难。

嘉映：死亡教育跟性教育好像不能并列着说，因为性教育在很大程度上是在普及性的知识，当然在广泛意义上也包含性观或者爱情观；但你说的死亡教育大概主要是指死亡观的教育或培养，那这方面在广泛的意义上社会上也有，不管对或者不对。当然我们也有死亡知识，不见得是死后的知识，可以是生理上的，肌体的衰老啊，死亡的生物学知识呀，或安乐死啊，但这类死亡知识，好像离死亡观有点儿远，或者是两回事儿。

简宁：这种理性的或者生物学的关于死亡的知识，可以说不解决死亡观的问题，我们所有的知识都是实证的知识，而对于死亡来说，实证好像恰恰没什么用。你想象一个基督徒临终前牧师的祈祷，这种东西除了信仰宗教，我们怎么能够理解？

嘉映：简宁大概是说，这不是有单纯的一个死亡观，是跟人生观啊等一体的。

狗子：是，宗教里是有这种一体的死亡观、人生观，我觉得儒学里对死亡也有一套观念，起码对死亡很重视，像"未知生焉知死"并不能简单地从字面上理解说就是儒家不重视死亡。

嘉映：当然简宁就举了这么一句，这点上我同意狗子的意思，因为关于丧葬，关于怎么对待死人，怎么祭祀，这些算是儒学里的一大块儿吧。

狗子：那像我们这种没有宗教信仰的，对死亡到底怎么办？对于得了绝症的亲朋，比如嘉映刚才说到的那个朋友，那种状况我觉得除了挺惨的，好像也没别的招儿了。

嘉映：我当时是非常……也不叫惨吧，就是那种无可奈何。你看我当时是什么心情啊，我们俩坐在平台上，看着楼下的人就那么走，这之间她只说了一两句话，坐了很长时间什么都没说。我当时那感觉吧，就是有点儿好像面对死亡，你说什么都是以你还活着，那话才值得一说，才有意义，马上死了你说那些还有啥意思。就那感觉，不是惨的感觉，就好像一种绝对无助，毫无出路，闷在那儿了。当然后来慢慢地好一点儿吧，也不叫坦然吧……说习惯了这肯定不对，就好像有点儿缓过来了，她还是会想到后事啊、孩子啊什么的。在这个意义上，有点儿像"人都有一死，只不过她早点儿罢了"那个意味，该怎么着还怎么着吧，但当时还是……因为我去的时候她好像也是刚刚发现没一会儿。

简宁：在震惊之中……

嘉映：对，平常这个朋友是一个性格极坚定、很优秀的人，那天后她可不也就那样了吗。

狗子：那，比如说，你这个朋友，如果以前好好想过死亡这个事儿，会不会这种时候会好些或坦然些？

简宁：我觉得不管你想过没想过，当一个人本来好好的突然知道自己癌症晚期，那种晴天霹雳一般的打击就是一个人应该承受的吧，这是必然的吧，不应该去逃避。但面对那种打击，之前想过和没想过死亡肯定会不一样吧，不管以哪种渠道、哪种方式思考过死亡，事到临头肯定比没怎么思考过的人要平静吧。比如癌症晚期，以前对死亡思考过的人，应该更能承受吧，不至于像遭到晴天霹雳一般垮了，想过死和没想过肯定是不一样的。

狗子：我就是想知道到底有多不一样，到底能多不一样？

嘉映：我觉得……当然像你要是修佛，可能在很大程度上你能不动心，也许在绝对的意义上就是不动心，但我不觉得这应该是一个普遍被欲求的目标，虽然他在那儿修我也没意见，就是有那种高人。但是当你好好的突然知道自己得了绝症，然后你惊慌失措，或者万念俱灰，或者什么，这也是我们正常的一部分吧，没有什么道理要非去修到一种不动心。关于这个不动心，不仅死亡，一般情况下我也那么说，就是修到不动心是因为我们都动心，然后有人能修到不动心我们就觉得……就像乔丹打球打得出神入化你就觉得"哇，简直太棒了"，但我不觉得那是一个普遍的人生目标，人人都要修到不动心，我动心又怎么了？

宗教之外一个特别重要的选择，就是一种自然的生死观。

简宁：基督教里有个词叫"向死而生"吧？就是因为有末日审判，我们的生活才别有了一番意义，如果一个人从来很少想死亡这事儿，到头来肯定会猝不及防的。

狗子：我想说的就是我们凡人意义上的死亡，它是没有死亡观的，或说这种死亡观说不通，不能令人满意的。我就是想说，在我们生命力还比较旺盛的时候应该培养一种真实自然打心眼儿里信服的死亡观，宗教的也好，嘉映这种哲学也好，不要到最后抓瞎。但嘉映这种毕竟是少数，从大的社会背景或意识形态来说，我们现在对死亡观的培养都是处在一种单打独斗的状态，而不是说——我不敢说普及吧，起码应该有一种正常一点儿的对死亡的知识和态度的培养，不是现在这种对死亡主要就是回避和恐惧。

简宁：我觉得特别现实的就是安乐死，就是当我知道我不行了又非常痛苦的时候，我可以要求放弃治疗，我可能会要求止痛药，让我尽量有尊严地不那么疼痛地离去，我想的理想状态就是这个。

狗子：好多治不起病的农民就是这样，像我们有条件的是面对过度治疗这种状况。

简宁：那像农村的老人，快不行了那是要死在家里的，而不是死在医院里，像北京这种大城市是要死在医院里，这是完全不同的两种死法。

嘉映：我觉得宗教之外一个特别重要的选择，就是对生命的一种自然理解，我说中国人以前没有宗教——当然有的人信点儿佛，但我觉得主要不是靠信佛，主要还是靠一种自然的生死观。所以刚才提到人活一世草木一秋，这话有很多种解读，其中的一种解读就是这种自然的生死观，就是该到了，该到落叶的时候了，这样的死亡观又跟刚才说到的安乐死之类的联系着。我们现在经常说的"生命至高无上"这话有时候就特没意思。当然我们是应该特别珍视生命，等等，但现代人这种"珍惜生命"有时候就显得特别不靠谱儿，诸如过度治疗，能耗一天是一天。像安乐死在西方，特别是在美国，有时候是跟宗教观念相冲突，其实也不是真跟原始的基督教观念相冲突的，反正也不知道怎么一来就变成了"生命至高无上"这种，在中国像类似安乐死这样的观念反而比较容易接受。中国之所以老不通过安乐死的相关法律，第一是中国对任何事儿都不爱比较明确，反正你真那么做了它也不追究你，第二它也怕外国人说你不人道之类的，还有一条特别重要就是最后你不知道到底是谁要安乐死，是老人还是儿子或亲属，这个比较麻烦。

狗子：在当代背景下，宗教只能管宗教那块儿，虽说像我认识的一些朋友在死亡问题上基本上是在宗教里寻找答案，我也差不多，但如果你不信，这似乎解决不了根本问题。那么大批的科学背景下的当代人有没有可能培养一种比较正常的死亡观？或者像刚才嘉映说的对生命的一种理解下的死亡观？

简宁：还是有这方面的努力吧，现在有临终关怀。

狗子：临终关怀是有，但那更多是解决身体痛苦的吧，当然包括精神安慰，但还不是死亡观的培养。刚才也提到，都临终了恐怕也来不及培养了。

嘉映：对，临终关怀是这样，像特蕾莎一开始干好多事儿，后来，如果我没弄错的话，他们那组织就集中在干临终关怀这事儿，就是他们尽量要找到所有临死的人，在临死之时有他们组织的人握着那些临终者的手，包括那些街头饿殍啊、麻风病人啊，反正他们好像是比较集中地做这个。

还是回到狗子这个问题，狗子好像挺执着的，就是有没有可能培养一种按你的话说"正确的"死亡观。首先从人的需求上讲，我可能会这么想啊，像这种东西的确不是我们有一套东西教给大家，而是呢，他有某种需要（如何面对死），但是因为某种障碍他不能获得满足，那么我觉得这事儿（培养一个死亡观）我们就可以好好想想，要不要在这事儿上教育啊沟通啊知识啊。狗子一开始好像就是要说这事儿，好像还挺强烈的。我觉得，可能也是吧。

第二，我们谁去教育以及沟通什么。先说这事儿的确跟性教育是不一样的，当然一样的方面也有好多。性教育一开始也是不能讲或不适合讲的话题，现在是不是一定适合讲也还是有争论，但毕竟是讲出来了而且也讲得很多，教材、杂志各种都有。再说死亡这事儿，在中国，确实是有那么多人不信宗教，那么在这些不信教的人的情感资源中，怎么能够在死亡观这事儿上做些什么。在这个意义上确实是有这种需求的，你想那么多人可能因为死亡的困惑而信教，可见这种精神需求明显存在。

我们能在这方面做什么，这可能不是三言两语像制订一个任务似的。在一般意义上，我们能做点儿什么，这就像简宁说的，各种人用各种方式来关注来做这方面的工作，也许制度啊、措施啊就都会跟上，首先还是意识到吧。

狗子：那像现在这种"不意识到"或者就是这种对死亡要么避讳、要么恐惧、要么轻描淡写乃至忽略的态度和观念，是某种权力或叫意识形态的阴谋使然吗？然后提供并鼓励某种适应这种阴谋的生活观？比如及时行乐的生活观？有些事儿在我看来很可笑吧，比如延年益寿，这个本身没问题，但我觉得在这种没有死亡观下的延年益寿就有些可笑了，你看我们现在关于延年益寿的书出了多少？这基本上就是教你怎么在悬崖上多晃悠一会儿。

简宁：还是对怎么过有质量的生活有帮助的吧，我就想起嵇康的《养生论》，还是应该有正确的养生，不是为了怕死养生。你要是弄个什么死亡课程或死亡训练营，政府就算不管，老百姓听起来也够邪乎的。

狗子：是啊是啊，但是我还是想搞明白像我们这种非宗教背景也没有儒家传统背景的当代人，怎么就把死亡这么严重的事可以撂一边儿了？然后每个人面对死亡基本都是一种单打独斗的状态。

嘉映：狗子刚才这段啊，我试着分成几点来说。一点是，死亡教育，肯定不是说让中宣部、文化部要大家干什么，只能说我愿意怎么去影响。这我们又得回过来想，就是为什么在我们这样非宗教的背景下死亡不被重视，这种不重视如果是错误的、是有问题的，那应该怎么重视。首先会想到，跟有宗教信仰的人比，我们这种非宗教背景下的人，在我们的自然情感和观念中，怎么培养一种对死亡的观念，不成形的到成形的。再一个问题是我们应该想，是否应该打破这种单打独斗的局面。这点跟性教育特别可比，因为性并不是不重要，性在每个人的生活中都占了一大块儿，但在以前，性是不能被谈论的、不能沟通的，它是一种很私密的东西，那后来经过许多事情它就变成可沟通的东西了，当然这变化到底是好是坏可能还是有争论，但我们现在假定是好的。所以我觉得死亡观的成形是一方面，另一方面就是这种关于死亡观的沟通是好是坏我们也可以讨论，如果是好的那么怎么来沟通……咱们大话说着吧，这也是"思想者的任务"。

我想狗子的核心问题大概是，比如基督教里有大量的关于死亡的观念和态度，对信基督教的人来说那就是信仰的一部分，伊斯兰教、佛教都有这个，而不信教的却没这个。那当你需要关于如何面对死亡时，却发现没地儿去找那么一个东西，狗子那意思大概是对不信教的人来说，要有一个自在的思想资源，当有个人感受、个人需求的时候有地方去找这个东西。

简宁：说到现代人的死亡观，我又想到很多年轻人是无所谓的那种，对生命。我们刚才讨论的是把生命宣传得至高无上的那种，还有一种就是好像正相反，对生命真是无所谓了。

狗子：对，这种态度也很多，这是对生活或者生命无意义的反应，我觉得这恰恰是一种没有死亡观的生活观，这种生活观是不是能立得住？

嘉映：没有死亡观的生活观，就是消费的生活观呗，你说的还挺准。

狗子：这种立不起来的生活观他就好像对生命是无所谓

的。确实吧，二人转或小品里说的，人生最悲惨的事儿莫过于人死了钱没花完，那如果只是甚至只有这样的生活观，那生命可能就变得无所谓，至少对一些人是吧。

嘉映：从狗子的问题里，我现在能想到比较落实的两点是：一个就是在我们这种自然主义的人生观里怎么能对死亡这个题目想得更多一点儿，乃至建立起一种死亡观，区别于各种宗教的死亡观；第二，对于死亡或者死亡观的探讨交流是不是应该有更多的公开性和沟通性，如果是的话，我们今天聊的，看起来是应该有这种公开性和沟通性的，那就是怎么在这个方向做下去。

刚才讲到意识形态，像福柯写的那个《性史》，他就是解析为什么大家忌讳谈性这个题目。后来大家又都谈这个题目，福柯就是解析背后的社会结构或者阴谋吧，是怎样的一种资本主义意识形态操纵造成的，当然不是有意操纵的。他那意思最简单说就是，这个统治阶级永远都是要控制人民的，那么到十八世纪，就不只是传统上的那种控制，它要深入控制人的身体和欲望，所以它就跟性这东西纠缠在一起，引起了一些转变，这种就是我说的那种对意识形态的解构……头两天香香（嘉映的女儿）问我，爸，人活着多好啊，干吗死啊？我就跟她说，人要生孩子呗，大家都不死没地儿养孩子啊。

狗子：香香呢？

嘉映：她好像有点儿明白了，是，这也是个自然主义的解读，否则都不死，你老霸着，可不就没有新生命的生长空间了嘛。

人类这种文明像是生物演化过程中的一个错误……

狗子：是不是有了宗教，哲学对死亡这类谈的就少了？大家都去宗教那儿解决那些问题。

简宁：对，而且宗教谈的都比较具体，因为宗教它不要求实证嘛，比如中阴身这事儿，哲学家不能随便说中阴身这类吧，那不是被取笑吗。但宗教就可以，它有一整套源远流长的典籍和理论是可以说这个的。

嘉映：哲学家是不应该那样说，也的确不那样说。在这个意义上，哲学跟科学本来是一伙的。

狗子：如果有世界末日，前一天你们会干什么？

简宁：那可能就是找一帮人吃一顿呗。

嘉映：我的第一感也是吧，就是尽可能地跟亲人朋友在一起呗。

狗子：这个大家都差不多，你不信这个世界末日吧。

嘉映：不信。

狗子：地外文明、史前文明你也不信吧？

嘉映：史前文明是啥意思？

狗子：就是我们知道的这个人类文明之前还有一种人类文明，后来灭绝了，不是玛雅这类还有遗址的，比如亚特兰蒂斯。

嘉映：对，大西岛，这倒是一个特别广的传说，现在好多人还都信这个，而且是从科学的角度，经常还有这方面的报道。这是希腊时候的一个传说，不知道是神话还是什么，培根的那本书就叫《新大西岛》，培根是比喻近代开始的这个新的文明。

地外文明。首先 UFO 这些我不信，外星人来建金字塔之类的，这我不信，说"地外文明"，有多远？会不会有？这个你不能绝对排除，但我也原则上不信。因为我相信另外的一个论证，就是发展出人类的那个概率太小了，首先怎么发展出生命概率就很小，这有过计算的，生物能演化到人的概率是特别特别的低。我信这个论证，因为从生物演化来说，就是怎么适合生存或者持存吧，这样的适合生存的办法非常非常之多，最后靠智力来生存这种可能性特别低。不管怎么说吧，按一般的说法，完全从生物的持存，英文叫 survive 吧，从这个角度来讲，智力不是一个特别好的方式。倒不是说靠脑子不能占统治地位，问题是它太占统治地位了，就是一旦发展出智力，它就完全打破了生态平衡。我的确是难以想象人类能存在很长时间，的确难以想象。因为，它技术能力太高了，它改变一个星球的面貌变得太容易了。据说恐龙在地球上生存了约两亿年，怎么也无法想象人类能在地球上转悠两亿年，它早把自己给毁灭掉了……所以我很难想象类似人类这种"地外文明"，首先它很难产生；第二，它产生了……简短地说就是，人类这种文明像是生物演化过程中的一个错误……

生养：我们如何决定是不是生孩子？

话题参与者：狗子 嘉映 简宁

2013 年 1 月 10 日

在古代，人们根本不会去想要不要孩子这事儿。

狗子：今天谈这么个话题，就是"我们如何决定是不是生孩子"，如果可能，也谈谈如何养孩子的问题。这问题当然跟我自己也有关，在我即将有小孩的时候问过很多人，聊该生不该生，因为各种原因最终是生了，但生了我也没想明白这问题。今天我们这样，就着前几次谈话给我的启发，我先试着回答一下这个问题看看？

嘉映：那当然最好。

狗子：就是，在古代，人们可能根本不会去想要不要孩子这事儿，生孩子大概是天然要做的事儿，就像饿了就要吃饭，一男一女有性需要互相吸引，满足性需要之后必然就是生孩子。现代观念和技术使得满足性需要和繁殖割裂开来了，要不要孩子变成一个可以商量的事儿了，而且好像选择权就在那一男一女手上。

既然这样，要或不要，尤其是不要孩子就需要理由。我周围有一些朋友是所谓的丁克家庭，理由各种各样，比如养不起，比如社会这么肮脏就别害下一代了，比如有了孩子就不自由了没时间玩儿了，最后一条我倒是觉得挺真诚的能说得通，问题是为了自己玩儿就不要孩子似乎不太理直气壮吧?！

简宁：关于丁克家庭这事儿，我差不多认为，大多数说辞都是一种包装，是一种掩盖个人隐私不愿说出具体苦衷因而抛出丁克家庭这么一个观念性说辞，我说的是大多数不是全部啊。

嘉映：那真正的苦衷在哪儿呢? 不要孩子的说辞是一种包装，包装下的真实是什么呢?

简宁：就我知道的，比如身体原因，生活压力太大也是个原因，当然也有年轻时候觉得压力大没要孩子，等生活好点儿年纪却大了。我的意思是，媒体上报道或讨论的丁克家庭好多并不是真正意义上的丁克。我倒是认识一对夫妇，建筑师，属于白领中的白领吧，他们过的是一种周末夫妻式的生活，平常不住在一起，也一起出去玩儿，国外啊什么的。他们身体也很好，他们不要孩子，我觉得他们属于比较观念性的丁克家庭吧，总之我觉得这类丁克家庭是少数，大多数所谓丁克家庭都是出于一些既具体又难言的原因而不要孩子。

嘉映：你要这么说有点儿奇怪吧，以前也有一些夫妻因为各种原因、各种隐衷而没孩子，但现在丁克家庭的确是比以前多多了，这个总得有个说法，除非你说现在人的身体就都不好了？

简宁：还有工作，好多人要孩子的确就会影响工作，他一拖，拖过那个年龄，结果怀不上了真要不了，好多人会找个观念性的理由交代过去，敷衍过去，比如丁克家庭一类。

嘉映：那我能不能这么来理解你的意思，现在丁克家庭肯定比以前多多了，虽然跟有孩子的比还是少数。大多数都是因为很现实的原因，跟他的决定关系不太大，至少跟他直接决定是否要孩子关系不太大，比如说我决定出去留学，不是决定我不要孩子，结果因为学业等等耽误了要孩子。

简宁：我觉得个别的——像我说的那对建筑师夫妇，可能是没什么现实原因，就是观念上不要。

狗子：不过我觉得，就是在今天，想生孩子，还是人类挺强烈的一个愿望，一个本能吧，就是想把孩子生下来，我不管什么责任啊什么钱啊。

简宁：现在对生孩子这个事儿的干扰太多了。我当年要儿子的时候，从我们的生活状况来说并不想要，本来是要做掉的，去医院做B超，医生说那孩子头特别大，肯定聪明，做了多可惜啊。孩子妈说简宁我们要了吧。我当年年轻气盛，虽然那么穷，我在北京没有房子没有户口没有钱，还没有个固定的工作，但我就敢把孩子生下来，没地儿生，那就回外婆家生嘛。她还在大学毕业的实习期内，那我一拍板儿也就要了，她工作也丢了。那现在一对大学毕业生，他们万万不敢这么干，而且现在的父母也不接受他们这么干，现在的生活框框不一样了。

嘉映：这话我觉得是不是也可以换一个角度说，就是以前呢，生孩子这个欲望或愿望是在所有愿望中特别重的，所以其他的相对就不那么重。以前人也不一定富裕啊之类的，那现在生孩子跟别的愿望或欲望相比，比如跟个人的发展，过一种想要过的生活，生孩子这个愿望相对就降低了，就变得至少不像以前那么重了，所以就拓出了一个空间可以考虑别的事，把要孩子的事拖一拖。或者就直接决定不要，或者是暂时不要最后造成了"不要"孩子或者什么之类的，以前就是先生孩子是吧？！

狗子：就说现在要孩子这事儿变得轻了，变得不像以前那么重要了，但是，如果说要孩子是个自然的事儿，所以要孩子不需要什么理由，不要孩子是个不自然的事儿，那么就需要理由。

我的意思是，用工作忙或者自我发展或者追求轻松生活这些理由是否说得过去？如果就是认可某种观念而不要孩子，那么是一种什么观念？

我个人一直也没想过要孩子，很多人大概都这样，尤其男的吧，一旦女方怀孕第一想到的就是能不能做了。我的意思就是这种念头是不是已经就不那么自然？我先不说道德伦理，古人可能就没这种念头，当然这又跟当代医疗技术有关。

简宁：我是这么理解的，以前有一种类似戒条或者风俗上的压力，让人不敢去想不要孩子。中国古话叫"不孝有三，无后为大"，那么现代社会里这样的戒条基本上都取消了。同时我质疑要孩子是个自然的想法，因为从我的经验里，我第一感是不想要孩子的。

狗子：那我觉得你这个第一感，有这种念头，这本身大概就已经不那么自然了。不说伦理道德，也无关乎男女感情，感情好也会这么想，就是现代人在怀孕以后它让你可以停顿，去做决定是不是生。当然现在人流也越来越方便，包括技术上和所谓的社会反响上，这都是配合着的一套，让人们把不要孩子变成似乎是越来越自然的一种行为。

嘉映：我想先沿着"自然"说。首先"自然"也是会变的，对某些人或某些时代很自然的事儿对另一些人或另一个时代就不那么自然。那跟别的东西比，要孩子这事儿在各种各样的事情里应该算是非常自然或者必然的，所以从这事儿来谈"自然"的转变，应该是一个特别好的角度，因为它本来是那么的天经地义，按照道金斯的说法，生命唯一的目的就是传后代嘛，就是把基因传下去。我们知道那么多动物，好像是澳洲鼹鼠吧，它的生命周期是十一个月，前十个月就是吃、长，到最后一个月它不吃不喝，那雄的，就是狂交配一个月，然后死掉了。类似例子动物界特别多，咱们不用多说，所以生孩子的确是一种多重自然的事情，包括从生物学角度来说。

但是呢，你刚才说到拿古代跟现代比，古代有很多天经地义的东西，包括什么男大当婚女大当嫁，其实已经包含了传宗接代的意思，不只是结婚。但是到了现代，我觉得在那个意义上，没有什么天经地义的事儿了，什么事儿都可以问个为什么。我的意思是说，本来呢，只有不自然的事儿才会去问为什么，我老举那个例子，就是我们会问，哎，他们家怎么生出个毛孩儿来，我们从来不会问他们家怎么生出一个四肢挺全乎的孩子，是吧？因为生出一个全乎孩子这是自然的，毛孩儿才是不正常的。就是我们只能对不自然的发问，所以你这题目"我们如何决定是不是生孩子"，要放在古代就根本不知道你在问什么，他只能问为什么不要孩子，他不能问为什么要孩子，这话没意义，他不知道怎么回答。

要不要孩子现在成了一个可以衡量的事儿了，这应该是一个很新的现象。

狗子：我跟一些朋友也聊过，总觉得不要孩子这个事儿无论什么理由都有点儿说不太通，包括我刚才说的那种最朴实的说法，生孩子养孩子太累，没时间玩儿了，我还没怎么碰到说为了事业的。

嘉映：By the way（顺便插一句），我碰到的都是因为事业的，哈哈，你看咱们俩接触的人不一样。

狗子：为了更好地玩儿而不要孩子，不说不道德，总之不那么理直气壮吧，那如果说为了事业为了追求是不是就很站得住了呢？

嘉映：那要为革命就更道德了。

狗子：不过道德不道德，总之就是生孩子这么一个自然的事儿，怎么到了现代社会就生出了各种各样的理由和说辞，要孩子尤其是不要孩子。现在依然有老一辈的人认为男大当婚女大当嫁要孩子是天经地义的，包括嘉映刚才说的那个复制基因就是生命唯一的意义，没后代的就是白活，生命没有意义。从什么时候开始，什么原因，导致人们对这类天经地义的事儿开始质疑了？

简宁：关于要孩子是自然的事儿，我还是存疑，我觉着作为个体，怕苦怕累逃脱责任也是个很自然的想法吧。但是不生孩子这种想法，在古代，面对那样的高压线想都不敢想，到现代决定权回到了个体手里。当然也有压力，很多年轻人要孩子的一个重要原因是迫于父母的压力，但这个压力跟古代比完全不可同日而语，以前是整个社会的压力，所以我不认为人要生孩子是特别自然的事情。

嘉映：我说的那个自然除了生物上的自然，还有一个社会的自然。你说在那样一个传统社会里，一个家族人丁兴旺，当然好了，不光说人多力量大，有了子孙，我们家就有了祠堂啦，有家谱有血统啦，那生活的意义就全来了。这个不是生物的本能，它是有了一种非常重要的社会生活的意义，所有的周边条件都鼓励你有孩子，有更多的孩子。在这样的背景下，我个人累点儿个人吃点儿苦，这实在算不上什么事儿。人是图安逸，但人也不是只图安逸，他为什么一天到晚干这干那，要成名成家，那在古代传统社会，成名成家也不如有孩子有香火重要啊，这才是自然的。

狗子：以前欧洲包括古希腊，是不是也像中国这样，传宗接代生孩子天经地义？

嘉映：对呀，人丁兴旺，这点跟中国差不多。我记得，好像是吕底亚国王克洛伊索斯问梭伦，什么人是最幸福的。梭伦说，我们雅典有个人回答得最好，那老爷子说他有出色的儿子，儿子们又有了儿子，这些孙子也已经长大成人。我想，对大多数人来说的确是这样，一个人死的时候，想到他儿女都挺好的，那我觉得也就差不多无憾了。

简宁：我觉得欧洲人跟咱们中国人在要孩子这事儿上还是不太一样，尤其是像咱们有祠堂啊、家族啊往下传承，这一脉的文化我们特别丰厚，欧洲人是这样吗？不停地要孩子？

嘉映：也有家族，但是有点儿差别。至于不停地要孩子，这在古代也没办法，民间是有一些避孕措施，但基本没用，所以有了孩子也只能生。然后就是物竞天择，那以前死婴率多高啊，夭折的，母亲因为生孩子死的，我们看古典小说经常就是这些，也就是这一百年，死婴率才降下来。

狗子：基督教文化对要孩子是鼓励的吗？还是有什么特别的？

嘉映：嗯，天主教对神职人员是有限制的，除此之外，没什么特别的。它倒是有一个要求，就是男女只是为生育才在一起，这是唯一的目标，如果为了快乐在一起，被认为是一种罪恶。

狗子：没有特别鼓励多生这样的文化？

嘉映：好像是没有，不过你要看《旧约》，那《旧约》里也是把一个大家族儿女众多，当作一个了不得的幸福的事儿来说的。

简宁：跟战争的需要也有关系，人丁兴旺，多子多福，日子就是好过。农村一直如此，你要说这理由多高尚也谈不上，这倒是跟生物本能是吻合的。

嘉映：对，是吻合的。我再说一点儿人丁兴旺的意义。很长的历史里，人力资源是第一重要的，无论对一个家族，对一个 tribe（部落），对一个国家，谁人丁兴旺，谁就强大。那么后来，为什么欧洲人不如中国人多但打了中国呢，是因为它最先大规模利用煤炭，有了新的能源了，就用不着那么多人了，人多跟强大不再有直接关系。

然后我们再说这个香火牌位，我们上回也谈到，就是现代人的生活越来越变成他自己的生活，越来越原子化。所谓人图快活，你可以说人从古到今都是图快活的，但是他那个快活的来源已经不一样了。以前如果没有一大家子，一个那样的社会关系在那儿，他就不快活。哪儿像现在，你一个人卷个包去摩洛哥旅游去快活了，以前的人你让他一个人去摩洛哥他觉得苦得很呢。

不光是快活，许多事儿都慢慢地收到个人这儿了。那么相对来说——所以我说相对来说，子女跟个人的关系还算自然的。但是，现在父母与子女的关系（要不要孩子）都是一个可选择的了，那与别人就更是可选择的了，你可以选择你的老师、学校、职业、同事，这在以前都是不太可想象的。你生在哪儿，谁就是你的亲戚，谁就是你的朋友，你就跟谁干什么样的活儿。你生在染坊里了你就干染布这活儿，这就是你的环境，你就跟这些人搞好关系，搞不好那是你自己的事儿。现在这种原子化，我是一个个人，那我当然就可以衡量我在要孩子和不要孩子之间，我的得失分别是多少。当然他可能具体不是这么想，但他至少是可以这么想了。

还有就是医学本身的发展，很多时候你没有那个技术条件，想也是白想，所以人也就不怎么想。现在就是社会条件也提供了，技术条件也提供了，观念条件也提供了，可不人就开始考虑这些事儿了。即使这些条件都有了，我个人还是觉得，在要子女这个事儿上，人的愿望还算是比较强烈的，或说比较自然的。比如说跟结婚相比，比如现在法国，非婚生子女已经超过了婚生子女，那就意味着，结婚的愿望不如要孩子的愿望强，已经有一大半人已经不结婚了，但还是要孩子，诸如此类，我是这么想的。

狗子：反正我听到的关于不要孩子的理由有那么多，但听来好像都不是特有说服力。

嘉映：这个是不是也可以这么来想，就是很多人并不是那么直接地、鲜明地考虑或者决定要不要孩子，而是他在考虑一些其他的事儿，比如说我在做事业，我在出国留学，或者干什么，他并不是说不要孩子，但要孩子这事儿相比是可以往后搁一搁的，有些人可能这一搁就错过了。这以前呢，并不是没有这些考虑，但跟要孩子相比，那些都很轻，现在它成了一个可以衡量的事儿了，这应该是一种很新的现象。

不要孩子是不负责任的吗？

狗子：那么到此为止，关于当代人为什么不要孩子，这些理由我都同意，但我还是想问，现在的人，不管什么原因吧，决定不要孩子是否是很自然的事儿？简单说就是，男欢女爱之后，要孩子这事儿就可以那么轻易地割裂开，轻易地抛掉，这是否道德？是否没问题？

简宁：那这么说呢，首先两性相交它就是一个很自然的快活的事儿，这个在我们世俗社会里没有什么不道德；其次，原来人丁兴旺就是幸福是好事儿，现在人丁兴旺它是个灾难，对吧？这是一个现实，地球上人太多了已经要承受不了了，按这个简单思路说，不要孩子是奉献，我倒觉得很"道德"。

狗子：这还不是特说得通。比如你说追求快乐这不是错，这个字面上我也同意，但还是觉得有点儿什么问题，贪图享乐不用负责任这个还是有问题吧？再有就是因为人满为患我不要孩子，这是为社会做贡献，我觉得这有点儿说大了。

简宁：这是事后的说法，不是说我看这世界上人口太多了我决定不要孩子。

狗子：我的意思就是回到这题目"我们如何决定是不是生孩子"，用这两条来回答好像不是特合适。

嘉映：我觉得你们这逻辑点都很清楚，我想再加几点。一个就是，有好多人了，不生孩子这本身没有什么不道德，甚至还有功。这个不是为自己在辩护，它是从社会学的角度来讲的，它是接那个话——以前我生孩子也不是为了富国强兵，这是一个社会学视角，跟快乐那个是两个层次的理由。那么说快乐，你不负责任就快乐，我觉得这里头肯定有点儿问题。一个人如果老是只图快乐肯定不行，我觉得不仅是不道德，最主要的是这样不快乐。但是他不一定要在生孩子这事儿上负责任，如果他是一个不负责任的人，就只有两性快乐，这当然不行。

简宁：人可以追求快乐，这个没问题吧，我们从来不会因为一个人两性快乐而说他不负责任。如果他两性快乐同时其他都很好，对工作、对朋友、对父母都很好，我两性快乐我怎么就不负责任了呢？当然您就两性快乐别的啥也不干，天天泡妞，管父母要钱，这才叫不负责任。我觉得狗子认为两性快乐有一个结果是生孩子，如果只快乐而不生孩子就负疚，我觉得这事儿可以讨论。两性之乐无论中国还是西方，这么多年来一直是受压抑或受到批判的，这种传统文化在两性的享乐上还是给我们带来很大的阴影，是不是？

狗子：可能吧。

嘉映：对，我觉得狗子这事儿可能倒过来说会比较清楚。按照我们普通说法，一个人光快乐而不负责任，这肯定不行。只不过以前呢，生养孩子被看作你要负的责任中的第一位，现在呢——这跟咱们刚才说的连上了，现在它是好多可能重要的事儿中的一件，然后咱们就可以掂量掂量，我是在这事儿上负责呢，还是在那事儿上负责，有点儿是这样。当然了，生孩子有一个跟其他不一样的，也许你慢慢会提到，在其他事儿上如果你不负责任所受到的指责，比你在生养孩子这事儿上不负责任所受到的指责要轻，换句话说，你生了孩子不管他，对他不负责任，受到的指责是最重的。这是因为，用现在的话说，就是你没有经过他的同意把他生出来了，然后你还不管他。

在生养孩子上，怎么才叫负责任？

简宁：在目前这种主流文化背景下，大部分人要结婚，和另一个人过一辈子，他那幸福的标志之一，就是我们要有个小孩，把他养好了，一家三口儿好好过。这个，我们就认为他是负责任的。说到一家三口儿，我想说丁克家庭和非丁克家庭那种幸福感还是有区别的。如果没孩子，两口子就算感情再好，最后还是会面临枯竭的问题，孩子本身就是两口子感情的一个来源。

狗子：小两口儿，有一个小孩，上面有父母，大部分普通人就是这么生活，这是普遍认可的这么一种"甜蜜模式"，但这就叫负责任？

简宁：对，而且是真心的，互相营造，这就是负责任，这就是为什么说你不负责任。

狗子：我不认可这个模式。

简宁：我知道你推崇那种个性化的自由的两性关系，但有了孩子就不一样了吧？家长你再有个性都没关系，但我们希望小孩子他成为一个普通人、健康人，周围都是爱。一个孩子他很天然地希望有父有母，父母相亲相爱别吵架，你提供不了这种环境的时候你就是不负责任，对吧。你从小孩的角度想，所有小朋友都有爸爸妈妈，怎么我只有爸爸或者只有妈妈。

狗子：但是单亲家庭也越来越多了啊，只有爸爸或者只有妈妈带着也不是问题啊，或者俩人离婚了但关系挺好，也可以一起带孩子啊。

简宁：这我当然觉得好。问题是中国现在有几个这种单亲家庭？现在中国家庭一提离婚就是分房子分家产，这在我认识的法国朋友看来，一是想不明白怎么回事儿，二是这不是侮辱吗？

狗子：现在的中国在这方面可能跟法国没法儿比，但跟我们小时候已经太不一样了。我们小时候一个年级也难得有谁家是离婚的，现在一个班里单亲的孩子肯定就会有不少，具体比例不知道。

简宁：这个情况跟女性的经济能力有关系，跟整个社会的配套服务有关系。

嘉映：这个中国确实在变化，你倒退二十年看看。

狗子：再回到我刚才问的，不要孩子的各种原因我们刚才探讨了一下，那么现在我想问，在决定生孩子的时候，做家长的怎么去想对孩子负责这个事儿？好像挺空的，能负什么责呢？

简宁：现在通常就是，找个好医院，好幼儿园，好小学，好中学，这么一路下来，当然现在好多年轻人为生孩子先要计算排卵期，男的戒烟戒酒，所谓封山育林。我们在酒桌上经常碰到嘛，怎么不喝酒？要生孩子，这理由很充分似乎，这过去哪儿有这种事儿，也就是现在要生个孩子，对大人的生活有那么多要求，这在以前是没有的事儿。

狗子：这当然算是一种"负责任"啦，但我觉得这种"负责任"一是太过，二是，这是不是恰恰说明大人对孩子不知道该怎么负责，就只能在这种显而易见的事情上花力气，花大力气，搞得挺不着调的，而且从封山育林到好幼儿园好小学好中学这么一路，除了花大力气花大钱之外没别的了，这也太简单了吧！

嘉映：这个现状我先不说，回到你问的这个生孩子时考虑责任这事儿觉得挺空的，我觉得这问题不是很严重，这跟其他事儿都是一样的，在你没做之前，说什么都是挺空的，一开始可以考量的大概也就是一种泛泛的责任感和责任能力。具体的完全看后来你那孩子怎么发展、社会怎么发展，完全就在一件一件的事儿里体现出来，你怎么负责任、负了什么责任。这个呢，我再三地想强调，就是现在跟以前很不一样，现在好多事儿你事先想太多没什么用，这社会吧，变得太快……

独生子女文化。

狗子：还是来说说现在养孩子这事儿，反正现在跟我们小时候（六七十年代）是很不一样了，现在这种在养孩子上面的计划啊戒烟戒酒啊，学区房这种啊，怎么变成这样了呢？也许我孩子还小，反正我看大家这么养孩子有时觉得近乎疯狂。

简宁：我对这个为生孩子戒烟戒酒很不以为然，瞎扯，就是相信科学宣传，这类科学宣传也老变来变去，搞得人一会儿这个一会那个儿神神道道的。

嘉映：这个吧我能想到的原因第一位的可能就是因为"独生子女"，这个"独生子女"带来了一个放大效应，我不是说一有独生子女政策，大家只能有一个孩子了，就都戒烟戒酒计划周密什么的。我的意思是，这么多年独生子女政策实施下来，慢慢形成了一种"独生子女文化"，这里边有有道理的成分，也有一些煽呼的成分，可能一开始有那么一部分独生子女比较讲究，那你讲究我也讲究，你也可以说这是一种攀比，但我想说这绝不是一个简单攀比的结果，它形成了这么一种现实的情况。比如说现在的孩子都弹钢琴都学英语，你说我是攀比吗，它好像已经成为一种孩子应该有的自然的技能了，大家都说英语都练钢琴，不是说我喜欢我就去学学不喜欢就算，它变成这么一种社会现实，这么一种能够自我加强、自我增值的"独生子女文化"。

那么形成这种独生子女文化的一个重要客观条件，我觉得就是现在三四十岁、四五十岁的人是中国第一代真正富起来的人，这代人就是现在小学生中学生大学生的家长，这是第一代想干什么而不必太为经济发愁的一代。你知道像北京在教育孩子这块儿，不知养活了多少人，各种班各种老师教练。

此外，说到现在教育孩子的现状，我能想到的还有一条，就是我们现在通常都比较喜欢计算，就是我们刚才说的从孩子没出生就开始一年一年地计算，我觉得这事儿也不是特别不好理解。我总觉得任何一种文化总是有它那个现实基础，我觉得在"计算"这个事儿上，一个挺现实的基础是——这是一个挺大的想法，我们的那个自然环境消失了，你不计算不行了。

举游泳为例，以前我们谁请教练教孩子游泳啊，自然而然小孩就跑水塘河里湖里游泳去了，可能有大孩子带着，你现在哪儿找这自然而然能游泳的水塘河沟啊，我说的城市啊，他要么不游，要游泳就去学习班，所有的游戏活动都是这样。你知道，孩子，他必须得在一个大家都说真话或基本上都说真话的环境中他才能学会汉语，就是小孩要是在一个大家都说谎的环境中他就学不会这门语言，这里不论证了。那么以前就是有那么一个真实的自然环境，有一个家族，这个家族都是爱这孩子培养这孩子的，现在这个家族的村社的环境没有了。

现在这孩子可能连父母都见不太到，如果能见到可能也就是父母，那养孩子就只能把他信托给一个教育机构。那么哪个教育机构更值得信托呢，这事儿你就得研究，不像以前的孩子我放在亲属堆儿里养着呗，它天然的就是培养孩子的环境，不用研究。所以现在我得计算怎么去好的幼儿园好的小学，为什么啊，因为那次的幼儿园、次的小学你也知道啊，对孩子不负责啊，孩子养成好多坏习惯啊。所以这种情况我不愿意把它归结为一个观念的后果——就是说现代人都想错了，当然是错了，但不是在那个意义上（被错误的宣传鼓动加上攀比心理等等），而是现实有了新的变化，我们先得把这个现实的变化看清楚了，我们才能讨论哪儿过头哪儿没过头，而不是就拿一个所谓正确的教育观念来衡量现在人的教育观念都是错误的。

简宁：对于孩子的未来要有一定的想象——我觉得这也是父母的责任，就是你要尽量知道这孩子各方面的情况，有针对性地去培养。

狗子：想象一下是可以，怎么去培养呢？有必要吗？

简宁：我说的不是愣要培养孩子将来怎样怎样，我就是说做父母的要了解孩子的秉性以及特长，根据这个尽量给他创造条件，方方面面的，不是说光练一种技能，比如孩子体育不好但喜欢美术，就尽量在美术方面给他创造条件，体育就算了。怎么养孩子这里面事儿太多，各个阶级也都不一样。

狗子：我这种就随大溜正常养呢，让小孩吃饱喝足该上幼儿园上幼儿园，该上学上学，当然不挑学校啊，这算负责任吗？如果算，我觉得这个不难，挺简单的啊。

嘉映：就我个人感觉，还是挺复杂的，当然这只是我个人经验。说到对孩子负责任，首先想到为了孩子好多事儿你干不了了，你想出去耍但孩子在那儿，所以你就不出去耍了，这个是不复杂但是很重的一块。我觉得复杂在于，以前社会对于什么是一个好人一个合适的人，这个观念比较清楚，当然各个阶层不一样，这个我同意，贵族和农民不一样，在中国读书人跟不读书人不一样，但在一个阶层里还是清楚的。比如说我们要把孩子培养成一个好读书人，那太清楚啦，四书五经，进退洒扫，这没什么可争论的。以前什么是好孩子不是一个天天要争论的事儿，现在就不是了，太听话的孩子以前挺好，现在就不一定大家都认为好，要有个性，是吧，怎么是个好孩子这事儿比以前要复杂多了。

另一方面，刚才说到培养技能，以前要培养的技能多种多样，以前如果我是一个染布的，那我就让我孩子也染布，孩子就在这染坊里长大，就学怎么染布。我要是画画的孩子就跟着我画画，我行医的孩子跟着我行医。现在就不是了，孩子都放在学校里去，但学校里呢，一方面是我们的教育制度有问题，另一方面是这种普遍性的公共教育跟以前几百年前那种教育完全不一样了，它不可能照顾到每个孩子的个性。大家都学一样的功课，但孩子有一千种一万种，有的孩子可能就不适合学数学，但数学也得考啊，以前孩子数学读不进去就学别的干别的呗，现在不行，通通要学。那有的孩子就适合，我也见过不少适合的，家长轻松，他跟主流就配；有的就不适合，比如我家香香，她那爱好和才能明显是在艺术和体育上，对语文数学外语这三门主课的兴趣和才能都少，但是如果这三门主课不好，你就是一个功课差的孩子，那这事儿你就麻烦了。

也有朋友说，功课不好就不好呗，这个说来简单，当家长的是可以无所谓，问题是在孩子那儿没那么简单，他功课不好在他那儿不只是一个功课的事，它要返投到自尊心、自信心、自我评价等好多东西上面。你说孩子功课不好只要有自尊就行了，你啥都不如人你怎么建立自尊啊。实际上这孩子并不是啥都不如人，只不过我们现在就认那个普遍的放之四海而皆准的标准，按这个标准他不如人。我们不愿意只迁就那个标准，但我们又不能就不管那个标准，因为它实实在在地在那儿起着作用……这些挺复杂的，那有的孩子就是好带，他碰巧就适合这个教育制度，这就好办了。

今天，中国这种孩子跟家长关系变得极其夸大，互动啊，关心啊，斗法啊，就我所知，是人类有史以来特别特殊的。

狗子：我们之前聊两性的时候，嘉映说，柏拉图那时候曾经试图集体养孩子，但不成功？

嘉映：他不是试了没试成功，他没有那个政治权力，他没法儿那么做，他就是在《理想国》里那么设想。

简宁：狗子准备实现。

狗子：不是不是，我就是想问下他那是怎么个设想，是由什么样的集体来负责养孩子？

嘉映：这集体就是城邦，孩子生下来就是交给城邦的，然后城邦按照城邦的需要，把人分成三等。

狗子：那父母呢？

嘉映：由城邦来养孩子嘛，没父母什么事儿，换句话说，最后这孩子也不知道谁是他父亲谁是他母亲。

狗子：他为什么要有这么一个设想？

嘉映：因为他觉得教育是件特别重要的事儿，所以他认为教育不应该放手给一般的人自然去养，好父亲就带出好孩子，坏父亲就带出坏孩子，不懂的人就瞎带。《理想国》的那些设想按我们现在的话说，是一种理性主义的设想，大概也受了一点儿斯巴达的影响，因为柏拉图这个人，还有当时雅典的好多知识人，都比较倾慕斯巴达的政治以及社会伦理。

简宁：哦？雅典？

嘉映：对，雅典，他们是享受着雅典的自由和民主，然后向往着斯巴达的那种。

简宁：那时候雅典有没有那种准军事化学校啊，就是小孩送去学习文化啊军事啊。

嘉映：单讲雅典它是这么一个情况：大多数孩子大概在六七岁的时候送出去上学，基本上是上文化课，认字读书，还要上音乐课。此外还有体育训练，这要去另一种学校，可以说是军事学校，大致就这三样。

孩子在军事学校一般会跟他的教练结成一种亚父的关系，就是这个教练像他的第二个父亲一样，孩子长到青年，跟教练的关系就像情人，就是同性恋，他们是鼓励教练与学生达成这种同性恋关系的，乃至到了战场上好多也是这样配置，年长的带着年轻的，因为年轻的战士没有经验。他们好多好多都是有这种情人关系的，年长的特别会保护这年轻的，年长的大概三四十岁，正是体力经验各方面最好的时候，可以保护和教育这年轻的，我们今天可能不是特好体会这种关系。

一般情况，孩子的家长尤其是孩子的父亲，在技能方面不大负责对孩子的教育，这不光是雅典，这是一个通例。你看《安娜·卡列尼娜》时期的欧洲，孩子基本上见不着他爸爸，有时候孩子玩儿的时候或做功课的时候，这个爸爸会出现一下，以那种高大的尊严的身影出现，过问一下孩子学得好吗，对孩子更具体的情况基本是不过问的。这是贵族，一般老百姓包括咱们中国的农民，父亲对孩子也不管的，养一帮孩子，该怎么着就怎么着，不像我跟香香这种，一天到晚家长围着孩子转，关心孩子的各方面情况。以前不这样，爸爸基本不管，妈妈带孩子但也谈不上教育，顶多讲讲故事什么的。

我们今天孩子跟家长的关系是一种很新的关系，这种关系大概出现在十九世纪的欧洲。有一种说法是说十九世纪建立了"儿童"这个概念，以前没有"儿童"这个概念。以前大人干什么这孩子该跟着就跟着，大人该骂人就骂人，该打架就打架，该给畜生配种就配种。孩子跟在身边没有任何禁忌，大人要是能看 X 级的电影孩子就能看，孩子就是个没长成的大人。到十九世纪提出一个理念，儿童跟大人是不一样的，发展到二十一世纪的中国，这点变得极其夸大，中国这种孩子跟家长关系，互动啊，关心啊，斗法啊，就我所知，是人类有史以来特别特殊的一种孩子和家长的关系。

狗子：为什么十九世纪有了这么一个"儿童"的概念？

嘉映：对，这个说起来跟好多好多事情连在一起，其中一个原因，我们把它翻译成"市民社会"的兴起。这"市民社会"我们经常从公共社会、公权力这个角度讲，但另外一面，就是市民生活成为主流。所谓市民生活，是跟以前那种生活不同的，以前呢，男人主要是一种公共生活。拿欧洲的君王来说吧，一天到晚干的就是组织游行、检阅、办节日，骑着高头大马，或坐轿子马车里头，一帮侍卫，人民欢欣鼓舞，节日办得越大，人民就越爱戴你，特别有光荣感。出去打仗人民也愿意跟随这君主，君主是荣华的象征，大多数君主认为这就是他的职责，当然也是他的天性。十九世纪中叶发生了很大变化，产生了"市民化的君主"，有点儿像我们今天对政治领袖的那种理念，他得空要回家跟老婆孩子在一起，他要有这种生活，大家才更信赖。在十九世纪之前君主要这样，哈哈，这是很不负责任的做法，会被赶下台的。

简宁：哈，多好啊，一去不复返了。

嘉映：粗略地看就是这样，男人跟家庭的关系发生了巨大变化，以前小家庭生活不是男人的重心，男人的生活是公共生活。不是像我们上海男人这种，在东北还保留了一点儿这劲儿，男人嘛，就是一天到晚在外头喝酒啊办事儿啊半夜才回家或者不回家。像我们现在那么强调家庭生活，甚至把过家庭生活当作一种美德，这是相当新的一种观念，爱老婆是一种美德，是吧。

狗子：咱们生不逢时。

现在把进化论翻译成演化论，这就是想把"进步"这个意思抽掉。

狗子：咱们这次谈话之前，我把鲁迅的《我们现在怎样做父亲》又读了一遍。

嘉映：你给说说，我是忘得精光了。

狗子：我的理解啊，他那篇文章主要就是挑战以前的那种父权，那种爸爸比儿子重要，爷爷更重要，越往上越重要，鲁迅的意思就是儿子更重要，下一代更重要，未来更重要。这是1919年写的，快一百年了，他当时还没孩子。他提到我们生孩子是自然的，并不是有恩于他，我们应该尽当父亲的义务，就是给孩子创造发展的条件和空间，不是束缚他，要解放孩子的天性，我们应该不求回报。

嘉映：真够新的啊。

狗子：我看完，感觉鲁迅那文章里面至少有一个理论根基，就是进化论的思想。

嘉映：对，那时候进化论影响大得不得了。

狗子：根据进化论，鲁迅那文章才推出老子要给儿子让位，未来要好于现在。就咱们这几次谈话而论，好像对于未来，古人跟今人的感受正相反。我们现在的人总是认为未来要比现在好，更比古代好，哪怕我们说环境污染地球要毁灭，潜意识还是认为未来好。那古人是不是就认为以前好，三代什么的？

嘉映：以前人都是把最好的放在最前头，中国是这样，有三代的说法；希腊有黄金时代，黄金、白银、青铜、黑铁，越来越堕落；基督教有伊甸园，总而言之，都是这么看。这种看法有个特深的道理在里面，否则也不会不约而同都这么想。

狗子：什么道理让古人觉得先前的时代更辉煌，然后越来越堕落呢？

嘉映：原因很多，其中一个比较深奥的是，凡是好的东西一定是有根源的。比如"性本善"，这"性本善"不大好说通，但为什么它会成为一个那么主流的观念？因为如果"善"不是在"本来"那里就有的话，它就不能是善；再举一个词，"本真"，光说真不就行了，为什么还要连着个"本"？这强调的是什么呢？就是"真"如果不能在源头上、根本上是真的，它就不能是真的。再说一个例子，我们说"坚持自我"或者"找回自我"，你说我发展一"自我"行不行，或者发展出一个"我"行不行？就不行，自我自我，或者"我"，它要不是连在根上的，你发展出来的那个"我"就好像什么都不是了。"找回自我"

或"坚持自我"这话一点儿都没问题，你要一味地就说"发展自我"，老是发展自我那就没自我了。

所以以前呢，希腊是特别明显，别的地儿也一样，它都不讲直线发展，都讲圆圈的发展。无论怎么发展，它都不能离开那个原点，离开那个原点那就不叫发展，不知道会变成什么。从启蒙以后，说起来还要早，从物理学里就开始了，在笛卡儿、牛顿之后，把直线运动定义为基本的运动，中学物理对吧，圆的运动反而是需要一个力的，直线运动不需要。它就倒过来了，在以前，人们认为圆的运动是不需要力的，偏离这个圆是需要一个力的，这是从物理学力学就开始有的变化。

那么在启蒙时代，就有了这样的设想，好的东西在终点，而不在起点。像马克思是特典型的，他认为以前的社会是坏的，最后我们要发展到一个好的社会。基本上我们把这些都叫作启蒙思想。这种思想到了二十世纪成了主流，新世纪以来情况可能有点儿变。你刚才说大家哪怕在潜意识里，人们还是认为未来更好。我有点儿怀疑，起码在所谓学界不是这样的。说到演化论，我简单插一句，就是演化论本身它没有从低级到高级的讲法的。

狗子：达尔文？

嘉映：包括达尔文，演化论总体上不是从低级到高级这个意思。你看在中文的语境中，以前我们把它翻成进化论，现在，至少在学界，大家都倾向于把它翻译成演化论。这就是想把

"进步"这个意思抽掉，"适者生存"并不是高级的就适合生存，在生物学上最适合生存的是细菌和蟑螂，现在地球上细菌的总量，如果称重的话，要比其他所有生物加在一起还重，而且细菌和蟑螂都很古远不容易灭绝，而高级形态的生物几千年几万年就灭绝了。

恰恰在启蒙时代的顶峰时期，演化论作为一个科学理论出现，接到社会意义上，大家就把它理解为进化论。传到中国的时候又赶上一个非常特殊的历史时期，首先我们一开始接触演化论的时候——从严复开始，对它的科学内容一点儿都不在意。我们不关心演化论是干什么的，关心的就是"优胜劣汰"这个事，中国不发展就要挨打，只有出人头地强国强兵才行，所以他把演化论这么理解了，但这不是演化论本来的思想。

狗子：那么刚才说到最开始是从物理学开始，承认直线运动是基本的运动，把好的东西设想在未来，这么巨大的颠覆还有什么别的原因吗？

嘉映：我觉得还有一个重要原因是当时的欧洲处于特别时期。十二世纪到十六世纪，这个时期相对于中世纪是一个巨大的发展，但当时人们不认为他们是一个线性的发展结果，而认为他们回到了古典——希腊啊罗马啊，所以有"文艺复兴"的说法。"中世纪"这个词就有这个意思，它为什么叫 Middle Ages，为什么叫"中间"呢，就是它隔在了古典和"文艺复兴"中间。

那时候人们是这么想的，那么到了十七、十八世纪的时候，人们认为不只是回到了古希腊罗马那样的辉煌年代，而是进入了一个更好的状态，是一个前所未有的美好时代——这只是一个方面，我们就单从这个方面说——这样就建立起一种进步的观念和信心，就是我们会更加好起来。也就在这个时候，欧洲开始地理大扩张，发现了美洲，到了亚洲，到了非洲以至于全世界，那么就会看到好多不同的文明。这些文明至少在当时看起来，是相当阶梯化的，有的文明高，有的文明中间，有的文明低，那低的就是还没发展起来，高的就是欧洲喽。这么来看待整个世界，就建立起一种阶梯式的"进步"的观念，落后的民族要向着欧洲去发展，欧洲要向着更高去发展，而不是回到先前的某种文明，无论是中国那种还是印度那种文明，我觉得这个可能是"进步"观念形成的第一位的原因。

狗子：我读文学作品就琢磨过这个事儿，古代的文学，有各种各样的想象，但不是往未来想，没有幻想未来的好作品，好像是没有吧？

简宁：对啊，线性的时间概念是我们后来的事情。这在我们现在的生活中特别明显，比如技术创新，先有了汽车，再有火车，再有飞机，再有火箭，一级比一级快，一代苹果二代苹果，一个比一个高级，它不断地提示你，用一些鲜明简单的指标提示你，将来会更好更高级。

有了孩子不是说以后有人会惦记你，而是你一直有个人可惦记。

狗子：那通过我们这几次谈话，我怎么多少有这种感觉，你看我们谈了两性关系，谈了政治，谈了死亡，这次谈生孩子，我要是古人呢，可能我就没那么怕死，生孩子该生就生，两性关系也没那么复杂纠结，政治诉求也正常。那古人好啊，现在哪儿好啊？

简宁：狗子的意思我们在座的变成遗老遗少啦。

狗子：就是这些问题，古人似乎都有招应对，我们现在呢？

简宁：只是一种比较吧，不同时代不同地区的文明之间的比较，哪些是优势哪些不好，不代表我们倾向于哪一种吧？

嘉映：对，不一定。

简宁：如果我们这个谈话搞得大家灰心丧气没法儿活，那就太失败了。这谈话无非就是探讨我们在现有的环境和条件下，如何面对生老病死、两性关系这些一直伴随着人类的问题，过去哪些好的应该保留，哪些已经彻底过时应该抛弃，如何培养新的方法。按你的话说，得有招，不是说对未来一片悲观。

嘉映：狗子是进步论者吧？

狗子：这个，我也不算特明显吧，但起码潜意识还是觉得未来是更好吧。尤其是年轻的时候，这些年可能读了点儿书啊，或者是上岁数了，很多事容易看不惯，那么对未来有点儿含糊了。

简宁：嘉映好像有一句著名的话，大意是我们这个时代的社会就像一列向悬崖飞奔的列车，我们能做的就是想办法让它慢一点儿，是你说的吧？哪篇文章里的？

嘉映：这话是我说的。但好像不是在什么文章里，这种坏话我一般不落于纸，哈哈，况且文章读者多是年轻人，我一般都给年轻人以希望。

狗子：你真是这么认为的吗？

嘉映：我觉得对未来谁都说不好，但你要非让我说一个，那我觉得就是这样。你像现在这种技术的发展，的确带来了好多好多好的东西，电脑啊、互联网啊，但是另外一面，你要看到技术发展到完全失控的地步。咱们七十年代就读到，任何一个核国家，它的核储备，都够把地球轰平四十回，现在可能四千回都不止。

狗子：好像霍金就说过，人类的毁灭可能就是人类自己，说的就是核武器。

嘉映：嗯，你再看看资源，的确不是危言耸听，我不认为地球能够养活五十亿人都过上好的生活。从前，有那么几个法老，几个贵族，挥霍点儿就挥霍点儿，老百姓吭吭唧唧吃点儿喝点儿得了。现在不行，老百姓也得洗热水澡——我不是说普通人不应该过上好生活，但地球就这点儿资源。

狗子：这人反动哎，我们老百姓怎么就不能洗热水澡啦。

嘉映：不是，你看看咱们那个二十一世纪的水资源报告，吓都能把你吓死。

简宁：最近这个雾霾。

嘉映：这个空气污染，汽车尾气问题，实际上相对来说还不算重要的问题，但是因为大家都能看见它，就感到严重。而像水，只要一开水龙头还有水，你就不觉得什么，实际上，我记不住那数，反正就是北京的地下水水位好像现在每年差不多下降一米。

简宁：对咱们这代人来说，未来还是越来越好吧？现在总比五六十年代好吧？起码物质上，思想上的禁锢也比那时候好点儿吧？

嘉映：但未来就不一定了。

简宁：我说的是可见的未来。

嘉映：我说的也是可见的未来，我的主观感受，可能跟你是相反的。我老说，香香那一代人跟我们比是相当之不幸。我觉得我们这一代人的幸运是什么呢，就是我们小时候是国家最苦的时候。

简宁：先苦后甜。

嘉映：那种苦历史上都不多，小时候，一个国家饿死那么多人，等我们成人了，这国家物质生活啊政治控制啊各方面都好了起来，固然有污染这些问题，但我依然觉得这是一个上升的时期。

狗子：香香他们不会再有饿死人什么的了吧？

嘉映：那应该不会，但是战乱什么的可能有，社会动乱的可能也是有的。

简宁：我觉得更重要的是生活压力大，焦虑，别管挣多少钱住多大房子。

嘉映：嗯，这太明显了，是比动乱更实实在在的。你随便认识俩做大学生心理健康咨询的，听他们聊，那也是非常吓人，大学生的心理问题与年俱增。

狗子：你们怎么看养儿防老这事儿，会觉得有了孩子就更踏实，因为老了之后会有人管你？

嘉映：这正好相反，这个我妹妹说了一句话，我印象太深刻了。她说，有了孩子不是说以后有人会惦记你，而是你一直有个人可惦记。

简宁：但有了孩子是会有一种踏实，西川生了儿子之后说过，原来自己是飘着的，现在有个东西把你给拽住了。

狗子：是，是，要是人都没后代，那就都太无所谓了，列车就开飞了。

嘉映：哈，狗子你读过托尔斯泰的《克莱采奏鸣曲》吗？那是一本古怪的书，托尔斯泰不是人道主义什么的嘛，那《克莱采奏鸣曲》写得可真恶毒哦。故事就不说了，他最后那个结论是，人类等到什么时候弄明白了，大家就全都戒欲了，人类就结束了，这就是人类应当的归宿或者结局。人类发展个几万年，就是为了最后弄明白，不应该再生孩子，应该把人类结束掉。

简宁：我有点儿怀疑，我觉得人类完蛋也是稀里糊涂地完蛋。

嘉映：哈哈，我比较同意你这个，一个人弄明白都不容易，还等全人类都弄明白……

信仰：没有信仰的生活是亏欠的吗？

话题参与者：狗子 嘉映 简宁

2013 年 3 月 4 日

信教的人都比较单纯，比较脆弱，比较善良，似乎特别需要某种确实的东西来支撑。

狗子：今天我们谈谈"信仰"这个话题，我拟的题目是："信仰在今天是否离我们越来越遥远？"

一开始，我们是不是先搞清楚"信仰"是什么？一般来说，我们一提"信仰"，都会想到宗教信仰，起码我是这样。但我之前查《现代汉语词典》的定义是：对某人或某种主张、主义、宗教极度相信和尊敬，拿来作为自己行为的榜样或指南。怎么叫"极度"呢？这种东西很模糊，我很难想象"极度相信"的状态，我对嘉映比较信啊，但肯定不能说极度相信，更不能说信仰嘉映。我就想问，"极度相信"或信仰状态中的人有怎样一种情感呢？是不是有点儿像爱情，尤其是我年轻时候对爱情的那种全身心投入的感受？那有点儿"极度"的感觉。我对文学也投入，但就没有这种"极度"的感觉。

嘉映：我对这个定义的理解，第一，我觉得把"个人"包括进来不是特别好，一般来说我们不说信仰某人，"文革"搞成那样也不说信仰毛主席，而说信仰共产主义。哪怕就是真的特信某人，孩子信爸爸，也不说信仰，当然在衍生的模糊的意义上可以说信仰某某，但正经说起来不会这样，信仰还是对一种主张或者主义来说的；第二，虽然你可以给"信仰"下定义，但我觉得最好还是从最典型的宗教信仰说起，然后比照着衍生出对一种主张，甚至对某人的信或者崇拜。它的这个定义里还有一个小缺陷，就是，信仰有相当的社会性。以狗子一贯的从个人出发的方式，可能不太注意这点，但一般来说我们谈到信仰，是指有一群人在信，我也承认可以一个人单独信，但那也是衍生的。比较典型的就是宗教，宗教意味着有一定的社会性甚至组织性，一群人共同信一个主张，然后再说什么叫"极度信"。当然，"极度信"可以有各种各样的界定，但起码我觉得可以加上社会性、组织性的角度，就是一个人信得有多深，有时候有赖于大家都信，一种互相加强，诸如此类。

简宁：我觉得也是，《现代汉语词典》这个定义的编写者肯定没什么信仰。说起信仰这词，我觉得主要指一种宗教生活，可能在现代以来，信仰会用在一些比较个人的体验或追求上，尤其在文学里。现在在我们的日常生活里，有的朋友信基督教，有的朋友信佛教，有的信更偏僻的宗教，我们说他们是有信仰的人，"信仰"这词主要就这么用。至于"极度信"，在真正的信仰者里，恐怕也不是这样，除了迷信。耶稣在十字架上说："主啊，你为什么抛弃我？"基督徒在船上遇到大风大浪，在那儿祈祷，他就极度确信头上有个上帝吗？恐怕更多是一种寻找吧。我的意思是，对于信仰者来说，信仰是一种充满怀疑、辨析、寻求的过程，一种个人生活与公共生活的互动，所以这个词典的定义基本不靠谱。我们现在说信仰主要就是宗教信仰，我们说信仰危机或者现在的人没什么信仰，主要也是指那种宗教生活在当代的消退。

嘉映：但我觉得，现在人讲当代信仰危机的时候，特别是中国人这么讲的时候，宗教意味是比较淡的。它的意思比较简单，就是以前生活中好多东西我们天然地就比较信，信国家啊，信政府啊，信人的善意啊、友谊啊，诸如此类，现在人变得有点什么都不信了。如果这是一个总体的情况，人们可能就把它叫作"信仰危机"，这跟宗教没有太大的关系，或者说"我们今天是不是离信仰越来越远"，你的话题是指这个吗？

狗子：可能包含点儿这意思吧。本来我想这回找一个信宗教或是有信仰的人来一块儿谈，我对这些有信仰的人的情感世界挺好奇的。我周围也有这样的朋友，信佛的，他们一般说"学佛"，虽然也皈依也打坐，但他们好像不说"信佛"，就是好这个，认为佛教说得对或者是真理吧，还有信基督教的。我跟他们在一起，有时候觉得自己是不是在这方面有很大的缺陷，跟他们聊天，听他们那么真诚地聊他们的信仰，有时候他们也会拿我做例子说没信仰很成问题。他们信的那个劲头我不怀疑，但他们信的东西却离我很远，比如有个哥们儿真的信前世，很多事他就用前世来解释，说你前世是个和尚啊，等等，一提"前世"我就什么都信不起来了。我不敢说压根不信前世，甚至我也有点儿信轮回什么的，但不会像他信得那么实，拿前世来解释现实生活。

对这些有信仰的朋友，除了好奇，我也琢磨他们身上似乎有一定的共同点——我就先这么生硬地说啊，就是他们都比较单纯，比较脆弱，比较善良，这样的人似乎特别需要某种确实的东西来信、来支撑。哪像我这种，或者好多人那种，比较混沌，不那么单纯，有能力在没有信仰的生活里这么过，在浑浑噩噩的现实中还能对付，似乎不那么脆弱，或者就是能混吧。虽然也需要支撑，但就是没有找到。而有信仰的那些朋友，他们不行，所以他们会很轻易地信靠一个东西，哪怕这个东西起码在我看来很粗糙，比如前世，等等。他们是不是所谓天生离信仰更近的人？你们周围有信仰的朋友也是这样吗？

嘉映：当然，而且我的感觉跟你的特别近，你说的这些我都挺同意的。我觉得，比较单纯、比较脆弱，这两个放在一起有一点儿道理。因为他相信一个比较强有力、比较实实在在的东西，那么当碰到一些重大的事情，就容易产生一种安定感。比如说，我举个例子，我们聊过死亡。很多信徒，比如基督教徒，他笃信上帝、天国，也许事实上相信末日审判之类——当然，实际上他不一定像我们相信物理因果那样的程度去相信这些——他对死亡的恐惧的确是会减少，就会比较安定。因为确实有一个更强大的力量在托着他。你说信教的人更善良，当然也有那种，我杀了人，跑到寺庙里把刀一扔，去忏悔，第二天出来又杀人，但我们一般说的不是这种。一般宗教都是劝善，如果你总是在相信一个又强大又善良——起码对教徒是善良的力量，信仰的人也会相对更善良，这点倒是确实的。基督教有一段时期对异教徒很残忍，但对自己的教徒还是很善良，认为是受上帝恩宠的。那如果一个人生活在这种力量之中，就会比较安定。我认识的朋友里也有不少这样的例子，有信仰之后变化很明显，有点儿像一笔钱以前东藏西藏，不知道要藏在哪儿，现在放在一个可靠的银行里，终于踏实了。当然我这么说有点儿庸俗啊。

简宁：你看字典里面讲到信，其实信托的托，或者信仰的仰，这两个动词更贴近信仰本身的意思。它大体上都有一个解释的框架，针对他的困惑，这个框架有一个传统的解释。

嘉映：对，志向上的困惑，情感上的不安定。

简宁：还有行为上的规范。这肯定是有信仰的生活都比较明显的特征。这个讨论得也比较多了，好像现代资本主义以后的生活，信仰越来越少，在西方也是教徒越来越少。

嘉映：对，它分两类，刚才你说起那个信仰，有时候我们就用"believe"。"believer"这个词，信者，可能第一翻译就是信仰者，就是教徒。然后还有就是"church goer"，表示进教堂的教徒，大概分这么两类，一个是说，我信，但其实从来不去教堂，这种人越来越多；另一个，我教堂也去，但无所谓信不信，这种人也越来越多。但以前就不是，以前我既是信仰者又从规矩。

简宁：这种情况是不是跟个人能力的扩大有关系？

嘉映：这个研究特别多，事实上的确是。

简宁：但是狗子在对信仰者的想象里是不是稍稍隐含了这么个意思，觉得信仰者好像比较软弱甚或比较无能？

狗子：有点儿吧。

简宁：如果有这个意思的话，我倒不是特别认同。在我看来，不软弱的人只是还没到时候，或者没碰到那个时候，所以常常会发生一个情况，就是有人开始没信仰，但有一天成了一个佛教徒，因为他的生活或者身体遭受了一次崩溃性的打击。

嘉映：我说两点，第一，我觉得无能不无能这事，即使狗子有这层意思，肯定也比较复杂。他不会泛泛地说有信仰的人相对无能，他肯定指一个非常特定的方面，到底是哪方面可能很难说。但要是跳开这个的话我会说，信不信，当然首先是社会环境。咱俩的心理结构其实都差不多，但你生在一个基督教国家，从小就被洗礼了，而我就生在中国了，你也没觉得有什么特别的理由不去信，我也没觉得有什么特殊的理由去信，我觉得这可能是最主要的。所以我们可能要把话题集中在大家文化背景差不多的状况下，一个人去信，一个人不信，这就有点儿意思了。否则，一个基督教国家的人信基督教，你说他比较软弱无能，那可太不一定了。

第二，我们就讲佛教。刚才狗子也稍微提示了一下，一般我们说一个人对佛教熟悉，或者信佛，很少说他信仰佛教。咱们以前谈过，佛教跟基督教特别不一样，释迦牟尼有点儿介于孔子和基督之间的意思，不是特靠近基督。但是在这儿我想说一点，有时候就是这样，比如邓正来去世，前几天他妻子艳明来，去见湛如法师，刚巧四大名山的住持都在，湛如就说让四大名山同时给邓正来做超度，艳明就觉得这是她很长时间以来第一天比较舒心。你说艳明一定是信轮回或者佛教吗？她反正以前不信。但是呢，就是你说的，碰到大事了，你想做点儿什么，寄托点儿什么，佛教正好是那么一个有组织、有传统的。在这个制度中，对一般人来说当然就更托底、踏实点儿，总觉得这是做了点儿什么。当然就像狗子也可以跑到山上去吼吼，但这就特别个人，你自己跑到山上吼了吼，很多人会觉得这个既无用又可怜。

简宁：可以在这个意义上说教徒有软弱的，就是他更需要一个信托。

嘉映：对，但这个软弱不是一般说的软弱，不是比较屁的意思。

真理往往让人痛苦，但理解让人舒服。一种比较快的理解就是因缘之类的。

简宁：我记得狗子有一阵子读佛教的东西很多。

狗子：也不是特多，就是比较好这个，没事儿翻翻。

简宁：我想问的是，读佛经，其实也是一种宗教生活，对你有改变吗？比如我们读一本小说，有可能读得很感动，但是读完了，我该怎么过或者我该怎么想，还是跟原来差不多。那你读了佛经之后，对你有影响吗？

狗子：肯定多少都有吧，就那些道理，随便翻都会有影响。《圣经》、佛经，有时候翻到一段觉得说得特到位。

简宁：我说的影响不是说同意它的说法，而是说你读完之后，会不会跟原来不一样？比如一个杀猪匠，他读了佛经之后不杀猪了，我觉得这就是影响，当然可能也没有我说得这么明显……

嘉映：我觉得每个人受影响的途径不太一样，种类不太一样，可能有的人，比如我，受影响是因为被这个道理说服了。如果没被说服，比如像刚才说的轮回、前世，你就很难用这种事儿来影响我。但是有的人可能不是这么受影响的，他受一种气氛的影响，比如大家都共同读一本经书，经书里说的什么他不怎么明白，他甚至根本都不太在意那个事儿，但是这个气氛，一种肃穆的气氛，让他被感化了。如果把刚才那个软弱的话加进来，有些人可能更容易受那种东西的影响，而不是非要脑子想清楚的那种影响。

狗子：我一个有信仰的朋友，批评我这种不信的人，就说受科学毒害太深，凡事都要证明。但说起来，我跟他十多年前见的时候聊了一次，聊完大概三五天里吧，我不爱抽烟，不爱喝酒，我跟他说了这个以后，他特别高兴。这是接着你说有没有影响的话。

简宁：这个是不是就叫超验？我觉得讨论信仰这事儿，多多少少都会涉及超验，就是不太能用我们通常的话语或者道理、逻辑来说清楚的一个体验。如果没有这个体验，平平白白就信仰，那可能就是嘉映说的那样，在很强势的宗教传统下自自然然的一种选择。我就觉得一个人当真确立信什么的时候，这里面必定包含着一个超越的情感体验，这个情感体验有时候不是很容易交流的。我不知道，西方人说宗教信仰属于隐私范畴吧？

狗子：我听人说，美国人第一不聊宗教信仰，第二不聊政治。有这一说吗？

嘉映：我不是太确切，反正谈政治的肯定很多了，宗教的确是，恐怕不太熟的人在一起，可能不大会问说你信什么教的，因为教派特别多。但这可能是在城里头，在一个比较小的小镇上，大家都去一个教堂，所以也无所谓。但可能在那个意义上是隐私，比如你招工人，比如你雇用人，如果表格上说你的信仰是什么，肯定是触犯法律之类的。

狗子：为什么呢？

嘉映：因为政教是分离的，公民的权利不应该因为信仰受到影响，比如说你要是填伊斯兰教我就不要了，可能就会构成社会问题。

另外刚才讲那个超验——这个词大家也是似懂非懂，先这么用吧。有时候我们说信上帝的人要是做什么事儿，就觉得上帝在看着你，上帝无所不知，这有点儿像我们古人说我送你这钱没有人知道，然后你回答说你知我知天知地知。再比如说佛教，他说你做坏事儿要遭报应的，这辈子没有下辈子也会遭报应。我老怀疑所有这一类的说法，我们不能把它理解得过于实在，比如说实在到下辈子报应跟我去玩儿火马上烫到手的报应，它们不太一样。在这里我觉得信教的人，他的行为会顾及宗教中的某种东西，大概从两个地方顾及，一个就是他的传统的教育，跟上帝看着我没关系我的教规就是不吃猪肉，那我就是不吃，也不是我偷着想吃；还有一种就是上帝真盯着看，看着我，这个时候我们不能做太物理化的解释，好像上帝或者神怎么怎么着，不完全是。

简宁：我不是特别同意。我就讲一个例子，我认识五台山的一个师傅，叫本慧，没什么文化，他的侄子是个杀猪的，他骂那个侄子，说你还干这个营生，下辈子就得变成猪让人杀。我们外面人听这就是泛泛的一个吓唬、骂人，但老和尚自己真这么相信，这是能感受到的。

我刚才说到超验这个词，无非就是我们没办法用通常的语言或者比较适用的方法把这个体验表达清楚，如果那些超验的体验不放在一个更适合的场合来说的话，他可能会害羞，可能觉得没法说，感觉好像体内的器官不能拿到外面来一样，感觉到暴露了。但是信徒之间，比如两个佛教徒之间，或者两个基督徒之间，是可以交流的。

我再讲自己的一个例子，有一年我做视网膜手术，在那之前，又离婚，又倒霉，人生处在比较无能软弱的时期。之前我也接触佛教的东西，也读些佛教经典，但还是泛泛的。那次做手术的时候突然停电了，我在蒙布下边特别恐慌，因为我做了局部麻醉，麻醉针是有时效的。在那种恐慌中间，没办法，我就随着呼吸默诵《金刚经》，当时一下子就觉得平稳了，舒坦了。这个手术停电时间不长，后来电来了，手术很平安地做完了。后来我自己讲这次做手术的经验，心里暗暗相信，这是我受到了某种力量的庇佑。为什么呢？一是我本来不认识给我做手术那个大夫，他那时候在301医院地位很高，很难碰，他给我亲自做手术，而且做了两次，这是很难得的。更重要的是，那个手术用的机器不是301的，是刚好一个公司买来，拿到301试用，在我之前只做了一例，我是第二例，做完我的手术之后这个公司就把机器拿走了，我完全是赶上的。我暗暗有种得了便宜卖乖的心理，我想我也没干什么好事儿就得到这么大一个恩惠。我觉得这跟那段时间里学佛教有关系。我把这个道理讲给老和尚听的时候，他立马同意说就是这样的。但是我讲给你听的时候，你可能会觉得这不对，给我手术的医生就说简宁你这小子运气太好了。

狗子：这种类似例子我听得挺多的。不管怎么说，在我听来归为偶然吧，有些例子比你这个还极端，还邪乎，但这些还是不能让我信服。

前不久我给那个信教的哥们儿看过我们谈政治的对话，他看了以后，一是觉得还行，二是觉得我这个人什么都不信太奇怪了，为什么呢？他说对他来说，没有信仰，一度让他觉得非常失落，甚至非常痛苦，很长一段时间里身体也很糟糕，失眠。这儿疼那儿疼的。后来他就是在书店里随手翻了翻关于宗教的书，觉得挺好，就开始读，然后开始信了，这之后他身体马上好了，也不失眠了。我是想说，是不是有一类人打小就特容易信？我别的很多朋友就没找着，就改挣钱过日子了。我是说，是不是有人天生就比较容易信什么。另一个话题是，是不是有信仰的人运气好？我们没有这个运气，我们就没法去信？还有，你们对周围有信仰的朋友羡慕吗？

嘉映：我不知道我回答不回答得了你的问题，但是接着你说的我想到一些。我前天讲课，其中一个问题，也算是一个科学主义者问的——其实我不是科学主义者，但是相对于有信仰的人来说我算是科学主义者——他说真理往往让人痛苦，这是一个老生常谈啦，他说那么如果我信轮回、信什么，我会好过。我的回答是，这个"好过"是不是生活的目标，是挺重要的事。我之所以这么说是因为我相信，就像狗子刚才讲的那哥们儿信了之后不疼不痛，这种我认识得太多了。信仰有实效，包括对死亡、疾病的恐惧减轻，心里安定呗。但是当时在课上没谈信仰，所以我答得比较硬，我说这个问题可能对老年人来说跟对你们少年人不太一样，对我们老年人可能是这样，你告诉他真相干吗？我们知道就是在垂死的时候，要不要告诉真相是很纠结的事儿，对老年人来说，好过特别重要，他能好过了还要怎么着。但对于年轻人可能就不是这样，我们不能说只要保证你好过就行，好过之外还有好多标准，不一定是真理，可能还有好多其他的想法。所以我觉得，这就牵扯到一个人把好过放在多重要的位置上，可能像狗子这种人呢，就是你没把好过放在那么重要的位置上，不好过我也认了。如果想比较好过，我就放一步算了，我就不再多想了。我们刚才说的信托也有这意思，我托出去就省心了，就好过了。

简宁那个解释，说给信的人听觉得挺合理的，说给咱们这种"科学主义者"，狗子你刚才就明确说不信。这个呢，比如一个人有点儿信佛，就觉得运气特别好，都是缘分，他这么来领会自己的生活，这本身当然是件好事儿。但是，医生就说这就是碰巧了，运气好。在我看起来，有些事儿挺偶然的，偶然的意思就是说没什么可解释，就是两个不相干的事儿碰巧碰到一起了。但是我以前好像说过，在一些重大的事情上，好多人觉得偶然这事儿太玄了，小事儿偶然就算了，但是那么重大的事儿，性命攸关的事儿，你碰上了，就觉得特别不可理解。他有一种理解的要求，因为"不理解"你得扛着，偶然你得扛着，但理解让人舒服。一种比较快的理解就是因缘之类的，这个世界变成一个经过解释的、有道理的世界，有道理也是比较安心嘛，所以他就在这个框架上来理解这件事儿。这些事儿有时候可求证，有时候不可求证，其实区别并不在于他解释得对不对，如果按照狗子这种标准，简宁那种解释就不可能是对的。所以我刚才说，你不能把它完全当作物理的解释，因为一旦取了简宁那种态度，你已经从根本上瓦解了那种物理的解释。

简宁：对，我非常同意，这看你从哪个角度来说。我刚好要做一个手术，又非要这个机器，刚好这个机器又来了，你说就是碰巧，老和尚说这是你的缘分。这两种解释如果不对抗的话，不一定非得取舍哪一个，也可能两个解释都成立，两个解释都成立也能合成一个解释。

嘉映：这个解释，英语里面有时候这么翻译，叫作"make sense of it"（讲得通），我们心里就安定了，如果不"make sense"，我们就面对一个无意义的事。小事无意义也罢了，我不小心把碗打碎了，也无所谓。大事如果没意义，就这么"happen"（发生）了，这就得有点儿扛。但是我们假设西方后来有这种硬要求，你的解释得达到科学真理性的解释，那个才叫解释，否则你就扛着。

简宁：存在主义好像有点儿这个意思。

嘉映：对，跟它联系非常密切，但是稍微拐一点儿小弯，它就是挺要求你扛那个无意义的事。

不过信仰有某种实效我一点儿不怀疑，我见过的例子太多了。我们都知道病跟人的状态特别有关系，心理安定，有依托，有寄托，不焦虑，好多病就没了或者减轻了。我记得1993年，我刚从美国回来的时候，有一次在戒台寺跟一帮朋友聊天，聊起信不信灵异的问题，一聊，我发现不信的就我们一两个人，剩下人都信，什么各种因缘啊，我坐在旁边听他们谈得可热闹了，就像两个系统似的，我听着全都不怎么靠谱，但是看他们之间就特别有话，就说我那个也是，他那个也是，全都是这个层面上的解释。我平时老说自己是反科学主义，但是你要在这个意义上给我贴个科学主义，我好像也认。

狗子：你说有的人会天生更容易信吗？

嘉映：那当然，甚至夸张点儿说，我觉得就是有天性的，有人就是希望安定一点儿，哪怕他信的东西在别人看起来不足以信服。咱们在日常生活中不讲那么极端的，但也有这个区别，有的人就希望省心，放出去就行了；有的人就不省心，什么事儿都要自己去弄。这其实跟科学主义也没直接的关系，跟你说的天性可能关系更大点儿。

狗子：那要按你这个说法，你对于有信仰的朋友谈不上羡慕不羡慕。

嘉映：谈不上，我不用羡慕这个词，但是我觉得挺好的。

简宁：有信仰挺好的？

嘉映：对。因为我相信信仰的实效，他是那样的一个人，本来生活那么不安定，那么难过——这个难过，对有的人他就该难过，但有的人比较软弱，比较善良，他那个难过就不该难过，你看着他难过你也难过——他一旦放出去信了什么变好过了就挺合适。像狗子阿坚这种人，哈，你们让那么多人难过，你们自己再好过了，那我还不干呢。

狗子：你刚才说的老生常谈，再说说看，真理是让人痛苦的？这个话是从哪儿来的呢？

嘉映：有一个说法，把真理叫作真光，但我们一般肉眼是不能够对着真光、对着太阳的，我们需要有太阳，但是我们都不能直视，我们都得生活在半光半影的地方。真理对我们也重要，但是我们谁都不去看它，我们都扭着头享受着真理，那样比较好过。能直视真光的就瞎了，以前的传说，最早逼视真光的不是科学家，而是诗人，所以诗人都是盲的，他能够对着光去说出真理来。在各种各样的事情中，我们都会碰到这个状况，比如我们教育孩子一般不谈死亡；对青年学生不讲所谓社会的残酷、人性的冷漠或者将来生活的艰难，不把我们所知道的整个真相告诉他；对垂死的老人不讲他马上要死了，我们说没事儿，你还挺年轻的，诸如此类。政治家们不告诉老百姓真相，大家就还能有信心，因为如果真相一下子全告诉了，就压垮掉了，诸如此类的可能也有好多，所以泛泛地说，我们一般人承受不了真理。

狗子：从这个角度说，真理跟宗教信仰是相悖的，因为宗教信仰为了让人舒服，为了让人好过，至少它有这样一个功能。但是真理，它只为求真。

嘉映：对，刚才我所有这些讲法是对真理的一种理解，还有另外的对真理的理解，比如不把真理说成是太阳，直接说成光影交织，真正的真理是光影交织的世界。讲到这儿我就卖弄一两句海德格尔，海德格尔就是那个意思，他就把真理叫作林间空地，我们整个世界或者人生是特别茂密混沌的，你在这个茂密混沌里开出一片空场，光能进来，但同时它又有隐蔽。他这么来看真理。

狗子：以前我看一本谁写苏格拉底的小册子，当时给我那个有信仰哥们儿看，他就说苏格拉底那种追寻方式，在他看来太痛苦了。

嘉映：对，有一些现成的词组，比如说追求真理的勇气什么的，勇敢者什么的，从古到今人们都把追求真理看成是一种勇气。

狗子：有宗教真理这一说吗？

嘉映：当然有，耶稣基督就说我是真理。

简宁：关于真理是太阳的那种比喻，好像更多有种一神教的意味，或者是人跟神的关系的一种隐喻，就是说，人跟神的距离太近的话，肯定会被灼伤。

嘉映：但是我刚才说的追求真理的勇气这些，一般情况下都不是指追求宗教真理，都是追求最广义的所谓科学真理或者真相，但在一个简单的意义上，我可以这么归纳，每个人"make sense of the world"，所谓理解的世界，或者使这个世界有意义的层次不同，可能一个人这么着就觉得已经理解了世界，另外一个更科学主义点儿，可能觉得这并不"make sense of the world"。所以你已经安定了他还没安定，他要追求一个更赤裸裸的真相或者解释。

狗子：基督说他是真理，有没有一种意思是说，他是真理，但是他不把真理告诉你们，他用一种类似于对待病人、对待小孩的方式，告诉你另一种让你好过的东西。他是不是隐瞒了什么？

嘉映：反正他说"我是真理"的时候，一点儿没有科学主义意义上的真理，我觉得他更多就是说我是真神。因为在当时有各种各样的宗教骚动，实际上也不是就他一个人自称是救世主，如果我没弄错的话，那时候几年就出一个救世主，当然这话可能在当时也平常，但是一旦基督教壮大之后，这话分量就重了。

没有信仰的生活是亏欠的吗？

狗子：那像我们这种没有信仰的人，不管是不是越来越多，说这种生活是健康的是成立的吗？前一阵有一个小哥们儿从沙特阿拉伯回来，他说沙特是全民信教的国家，他接触的一些普通的沙特人听他说中国人没有信仰，每天也不磕头，觉得太不可思议。但实际上我们没有信仰，生活就是亏欠的吗？

嘉映：我先补充一下上面的问题。在整个中世纪，把真理分成两种或者两层，第一层是宗教的真理，那时候叫作启示的真理，它不是通过思考得出来的，就是你的心向上帝或者向基督敞开了，基督就给你启示，你问我这道理怎么来的，我也说不出；第二层是可以说的道理，可以论证给你听的道理。中世纪很多神学哲学都是围绕着这两层真理的关系进行讨论。

回到你刚问的，那么中国以前也没有一个宗教，你觉得生活奇怪吗？

狗子：好像有点儿奇怪吧，这是不是可能跟后来的好多批判有关啊，说中国是一个一直没有信仰的民族？

嘉映：现在乱象丛生，人们想起来这是因为中国没有宗教信仰。

狗子：包括我们上几次聊生死、政治，也聊到中西方虽然不同，但中国古代有那么一套准信仰，只是那套准信仰确实不是像我们说的宗教信仰那么硬实吧。

嘉映：不接触你那个问题的核心的话，的确分成好多种层次，比如中东大多数国家现在信伊斯兰教还是比较严整的，中国则不一样，根本没有这些仪式，等等。我觉得欧美可以放在中间，基督教国家跟阿拉伯人信宗教的性质差很多，你都不知道他是更接近于我们还是更接近于阿拉伯人。所以你说如果没有信仰的生活是一种亏欠的话，就有一个问题，这个亏欠是从哪儿开始的，是从欧洲？还是说只有阿拉伯的行，阿拉伯之外的都不行？还是逐渐的，越来越不行？

简宁：我当然认为没有信仰是个亏欠。这个话题挺早的，从文化创造说起，我大体相信文化创造是需要一个强大的精神资源来支持的，我们很多文化创造方面的贫乏和歉收，跟我们没有这样的精神资源有关系。另外，我的一个估计是，我觉得中国人没有宗教生活是从商周之变开始的，商人尚鬼，在商代的时候中国人的宗教气氛非常强烈，可能浓烈到一种很变态的程度。从周以后就有一个重大的变化，就是神权收归于天子，普通老百姓跟天的那个通道没有了，中间有一个代理人，就是皇帝、天子。所以从政治制度上看，秦以后有多么大不同，但秦以后一脉相承的，就是神权被皇室垄断。所以我们会在别的一些流派里，比如道教，比如墨子那里，找到一些周以前的遗迹，但主流的状况是我们委托给皇帝和老天爷，我们就听皇帝的。这会造成什么样的情况呢？两千年下来，用进废退，人跟天对话的功能萎缩了，所以我们的生活特别世俗化。

狗子：但中国两千年来的文明应该说也挺辉煌的，唐诗宋词这些。

嘉映：所以呀，这事要说的话，咱们至少得单立一个话题，就是中国有没有宗教信仰，中国有或者没有宗教信仰跟文明发展的关系。就现在一般的批评，那肯定是站不住脚的，好像中国的坏事儿都是因为中国没信仰。问题是中国没信仰的话，那是从周就开始，除非你论证从周朝到现在一直是人家挺好咱们挺烂，或者要是没信仰，你只能繁荣两千年然后你就要烂，这怎么都说不过去，这不可能那么直接。

狗子：按你的意思就是说作为民族也好，个人也好，没有宗教信仰未必是多么不完善欠缺的事儿？或者换句话说，你觉得像古代，在儒学传统里面，人也可以活得很踏实，创造出很好的各种文明。

嘉映：我基本上是这想法，而且第一步就是像你说的这样，应该把个人有没有信仰和一个民族是不是有总体的信仰分开来谈。

那就说我们现在离信仰是不是越来越远，这个在中国谈得特别多，是因为我们国家好多人都觉得社会的某些情况不太好，那就找各种原因啦，包括是不是信仰危机啦，但是这个问题——信仰在当代的问题，肯定是全世界都谈了好久的，自打现代化开始，信仰在整个欧洲就开始慢慢变得不再那么核心，这挺明显的。有人说这是好事儿，因为当然这带来很多好的结果，单说宗教战争，伊斯兰教跟基督教的战争，残酷得不得了，再加上基督教内部的战争——新教和天主教，这是咱们都知道的；但是宗教淡点儿就会有别的问题，什么世俗思想兴起，没规矩啦。

我觉得一个社会形态很难说应该是什么样，要看到底面临哪些问题，这些问题怎么解决。一个文化形态，如果它还是说得过去的、有生命力的，基本你可以想象，由于它没有什么东西，比如宗教信仰，它会带来一些好处，一些坏处。大家看到这些坏处，就是因为现在中国没有这种超验感啦，用丁方的话说叫作没有垂直感，都是平面的，体现在艺术里，也体现在人的性情上，等等。

所以我刚看到你这个题目——我们离信仰是不是越来越远，就觉得这个题目近年来中国尤其问得多，一两百年来全世界也都在问。我的感觉，在某种意义上，这当然是一个事实，就是说我们现代人相对来说离基督教佛教那种宗教信仰越来越远，这比较明显。那么不讲宗教信仰，现代人也确实比以前人多一些不安，这个原因就很多。

我最近写了一篇文章，讲到有一个著名的说法，我记得是吉登斯提出来的，就是把我们的社会叫作风险社会。大家都习惯这个叫法了，但你要是从统计学上来说，现代人的风险要小太多了，以前生老病死、各种灾难，现在又是社会保险，又是商业保险，和以前比简直安全得不得了，那为什么大家感觉风险会越来越多？原因很多，我提一个小的角度。以前的人大致掌控他的生产和享受，他自己种地，怎么下种，怎么收割，怎么储存，都能掌控，他吃的东西知道是怎么种出来的，他知道锄头是自己怎么做出来的，这个世界大部分在他自己的掌握之中。现在不是，现在我们每个人的生活都是一个巨大机器中的一个极小片段。以前开玩笑说，问富家子弟饭从哪儿来，回答说饭是从米糠里来的，就嘲笑富人，但现在都是这样，我们基本没有一样东西能从头到尾看到过程，都是在接触它一个很小的片段或者终端产品。在这个意义上我们不但失去掌握，而且失去了解。在这个意义上我们就不像以前那样，跟世界有一种信赖的关系。海德格尔在二十世纪三四十年代的时候也讨论过这个问题，就是讨论这种信托或者说信赖，说现代人在这方面基本都不如以前。

可以在好多意义上谈今天我们这种远离信赖、信托或者信仰的问题，并不只是单维的是不是我们离信仰越来越远，还有好多好多其他的事儿同时在发生。

狗子：那因为我们在谈信仰，起码从我这儿或者从很多人心底还是有一种感觉，信仰这个东西是伟大的或者说有光芒的，当然我没考虑过宗教战争，那我还是想问，基督教也好，伊斯兰教也好，佛教也好，跟中国儒家传统，有没有优劣？肯定有差别，像我们这种没有信仰或有一点儿儒家传统背景的人，跟那些信教的人是怎么个差别？

嘉映：我一下子想起太多事儿，先特别简单地说一下我的基本看法。第一，说信仰是伟大的或者爱情是伟大的，唉，对这些说法要比较警惕，至少我自己是比较警惕的……第二，我不认为可以说一种生活形态比另外一种明显优越，比如说汉默顿比较过西方和东方，当然他主要讲希腊和印度，他说印度讲"空无"，而希腊人讲"有"和创造性……那是二十世纪初吧，他就特别弘扬西方的文化，在他笔下，印度这种文化就是一种比较弱的文化。当然你知道信佛教的人不这么看，而西方人后来也有很多人去信佛教。我觉得这些都很难说，比如希腊世界本身不是那种意义上的宗教世界，整个希腊以及希腊的传统在中世纪，在西方特别宗教化的时候，都被叫作世俗的异教，以我对希腊的崇敬，我很难说站在基督教这边去说它是较差的文明。我对中国当然也有好多不满，不管是现在还是过去，觉得都有好多毛病。但是我看西方的毛病也比较多，一言难尽。

作为个人来说，可能得看具体情况。我觉得如果自然而然归于某种宗教，是挺好的。但是你要说因此我们都该归于某种宗教，我就又不以为然了。当然我承认归于宗教有一种好过、安定，但是我也不想把这种东西太神圣化。

简宁：有时我觉得在现代社会里，信仰是个怪事情。早年我有一个朋友，他太太是个基督徒，也是刚入教不久，有强烈的传教的愿望，言谈举止都是这些。你跟她在一起会很不舒服，吃饭的时候，我们又吃又喝，碰杯什么的，她在那儿祷告。所以我觉得宗教这事儿，要是硬掰的话就太难受了。我本来不信，但你强迫我信，或者说不是强迫，硬拽着信，都挺难受的。

嘉映：对，现在也不太可能吧。

简宁：当然每种宗教本身都有同化别人的欲望。

嘉映：不。你是说在什么意义上同化？我老说，好多宗教其实本来都没有这个东西，这又是以基督教为典范来归纳所有宗教，比如像犹太教，你想进，人家还不让你进来呢。本来是这种宗教多，就是觉得这个宗教是咱们这伙人信，外人不能瞎信，当然你要是特虔诚，你就要娶我的女儿，然后你归信。

简宁：至少佛教里有，比如佛教基本有一个义务，叫度人。

嘉映：但在那个意义上，不管是不是信宗教，一个人还是愿意别人同意自己，哪怕科学观点，我也希望你同意我。我把刚才那个话说完，我大致是说，在很大程度上我没有信一种体制性的宗教，但仍然可以过一种有意义的生活，也可以求得一种另类的安定和安宁，尽管我承认这样的"求得"可能是有点儿艰苦。那为什么能呢？其中也有很多榜样给你支持，第一个来自中国文化，比如庄子，你不能说庄子信一种教，他那时候还没道教。再比如歌德，我在这儿再引用一遍歌德的话，那话是——如果你没有科学思想或者艺术思想，那么宗教对你几乎是必须的。当然这里的科学是德国意义上的科学，就是最广义的那种科学或者叫哲学。歌德是说可以在科学或者哲学中或者艺术中达到他的安宁，如果你要是没有这些就需要宗教。

简宁：我理解你这个话，多多少少还是有英雄主义的豪情那种感觉，这个我觉得比较个人化。

嘉映：这个我同意。

狗子：基督教里，我看奥古斯丁的《忏悔录》里说，你为什么要信主，一个就是因为个人太软弱了，不能单独来扛住这生存……

简宁：所以骄傲是第一罪过嘛。

嘉映：所以我刚才也提到有一些典范，在那个意义上，至少会想象自己是在一种传统之中。我当然觉得单靠个人肯定不行，但，至少会想象自己是在一种传统之中。

至少是有一种个人主义的联盟？哈哈。

狗子：大的趋势是似乎信仰离我们越来越远，但我觉得近期，这一二十年里，是不是又往信仰这方面走了？因为身边信教的人越来越多，不管是信仰基督教还是佛教，至少在我接触的范围之内是这样。

嘉映：这是特别好的角度，我个人认为绝对是这样，这个现象简单说就是，传统的中国人生活在儒家传统中，教条主义、儒家传统，总而言之就是传统社会，基本上比较安定。后来开始折腾，折腾完了就共产主义信仰，到1949年之后大家在这个意义上心理也安定，因为有共产主义信仰。等到改革开放之后这个信仰崩溃了，崩溃了一时也没关系，因为那种热情特别高，我说的不是政治热情，是说因为社会要改变，要往好的方面转，大家心理上觉得欣欣向荣，没觉得失落，即便有也不是特别重。到九十年代之后，很明显一种社会热情一下子就熄火了……咱们刚才讲了半天，对于大多数的人，无论如何他是需要一种依托的，而且这种依托绝不是什么个人的观念，而是要有一个有组织的宗教或者准宗教。之后基督教也兴盛，佛教也兴盛，在我经常聚会的一圈人里，科学主义者没几个。

宗教会复兴吗？

狗子：哲学家跟宗教信仰的关系是怎样的？

嘉映：这个复杂，我简单说几句我的感想，刚才我把歌德这些人看作榜样，其实也可把古希腊的哲学家看作榜样。古希腊的哲学家也信宗教，就是信希腊教。但是呢，"信仰"这个词，基本上是基督教煽起来的，或者说犹太教、基督教、伊斯兰教，我老说这三个教实际上是一个传统的，耶稣本人就是犹太教的，后来我们老是把基督教当作宗教的典范，它是讲信仰的，而以前的宗教不是讲信仰，是讲仪式的，可以说它根本不问你信不信。比如说埃及的祭师，那是一个职业，到宗教节日他就出来，穿个袍子，很威严，他脱了袍子之后就买菜做饭，就是一个普通人。像所谓罗马人迫害基督教，罗马是有一个公民宗教，罗马人不懂基督教，也不管你信什么，只要基督教徒来参加我们国教的仪式就不迫害，但是基督教徒不能参加你的仪式，因为两边的想法不一样，因为基督教徒不能说我信了基督教还去参加仪式，他是要求有一种信仰的。

所以希腊的哲学家在这个意义上，你可以说他是相信这些神的，像苏格拉底临死的时候，最后一句话是跟克里同说，你别忘了，明天还是哪天，就是一个节日，别忘了给我杀只鸡去祭神。但那不是一种信仰，在这个意义上，你可以说希腊的哲学家介于中间，或者更偏于今天我们所讲的没信仰。

简宁：苏格拉底有一个罪名就是"渎神"。

嘉映：对，就是煽动青年渎神，把青年教坏了。到了中世纪，当然所有的哲学家，像阿奎那、奥古斯丁，都是真正笃信基督教的，这里就有信仰的真理即启示真理、世俗真理两者之间的关系，这个挺复杂，我不多说了。到今天，现代哲学家们有些就是无神论者，比如罗素；但是大多数还是有信仰的，比如海德格尔，他在新教和天主教之间很纠结。像维特根斯坦也是一个无神论者，但是他从小在天主教受洗，他又是犹太人。所以宗教问题对于很多当代哲学家——我不说全部——来说，仍然是非常纠结的，所以哲学跟宗教是有关系的。我老说我们研究西方哲学，这个维度我们一般是不太去谈的，不谈也好，因为你很难真正谈进去，这种纠结我们不太有。

我简单说就是这些。但在古典最高涨的时期，我举歌德和康德为例，一般来说他们很少会宣称自己是非宗教徒——无神论不是非宗教徒，我要区别这个。无神论是战斗的，但是他们一般都不会反宗教，像康德，他书里老是说上帝，但是对康德的研究表明，他的上帝是非基督教的上帝，有点儿像爱因斯坦所说的上帝，就说是造一切物、一切人的上帝。虽然情况有点儿复杂，但总体上来说，我觉得可以特别武断地说哲学是非宗教的。

狗子：简宁你佛教读得偏多吧？相对于读《圣经》来说。

简宁：我早年读《圣经》，《古兰经》也读过，九十年代以后比较亲佛教，也读一些巴哈伊的东西。从情感上来讲，我倒是很喜欢《圣经》，喜欢耶稣，喜欢《圣经》里的雅歌，喜欢登山宝训，但我基本上把基督教认为是完成了的宗教，一个过去的宗教……另外我多多少少有点儿反感基督教，这跟《圣经》无关，而是基督教政治让我反感，比如我挺反感"普世价值"这个词，我觉得这完全是天主教的词汇。还有就是周围这些信教人的强烈的传教欲望让我反感，一起吃个饭，我也没招惹你，好像我不愿信教就被歧视了。

嘉映：这点基督教和佛教还是有很大区别的。

简宁：信佛教的不会，因为佛教根本的教义讲每个人自身的因果，你今天如果不信佛教，并不表明我信佛教就比你高……所以我喜欢佛教。

狗子：嘉映你觉得这一二十年，中国也好，或者世界也好，这种碎片化、原子式的生活里，宗教会复兴吗？

嘉映：好问题，我对这个稍微有一点儿想法。

也有好多年了吧，党中央要建立所谓社会主义核心价值观，就是针对这个来的，它当然不叫建立宗教，但是它要恢复某种信仰，因为这么大的民族完全靠组织来统治是不行的，需要有一种共同的精神力量，所以现在提社会主义核心价值观。现在流行的新儒学也是这个意思，最现成的就是我们回到 1840 年或者 1911 年之前的中国传统社会的价值观，就是儒家的核心价值观和生活方式。刚才你又讲到基督教，这也是一种。人同此心，心同此理，大家都觉得需要有一个宗教的东西来维系，否则不行。

狗子：建立核心价值观也好，或者宗教复兴也好，这个有可能吗？或者说，往这个方向努力对头吗？

嘉映：我觉得这要分主观和客观两方面来说。首先刚才我们说一个民族如果没有比较基本的信仰、宽泛意义上的信仰，大概是不太行，但是我们说这话的时候，也得把当代社会跟以前社会稍稍分开点儿，在以往的社会的确不行，在当代社会我们不能说得那么肯定，至少在程度上不是那么强烈。现代社会多多少少是从信仰共同体进入一个法制共同体，社会靠法律、良知，美国比较典型，这是一方面；那么你问会不会有宗教复兴以及是不是应该往信仰共同体发展，我这么看，首先这个信仰共同体远远不见得要强到像现在的伊斯兰教、以前的基督教那种程度。我就举印度为例，印度当然也被现代化破坏，但是没有像中国被破坏得那么厉害。印度人信印度教，印度教有时候冲突也蛮厉害的，但是总的说起来，不像当时基督教或者伊斯兰教那么强烈。他这种信更多的是在日常生活中如何看待事物，不争啊等等，相对接近于以前儒家的那种信仰，但不是那么有组织的宗教。

这个东西，一种信仰共同体，只有历史最后能够形成，但是历史也是大家的各种力量汇集起来的，现在这些人想去创建各种各样的信仰呢，事先是绝看不出谁会赢得这个市场，但是你也能完全想象这些有着自己独特信仰的人，或者有着自己独特政治计划的人，去努力把人往他那个方向引。比如我是基督教徒，我觉得中国需要的东西最好就是团结在基督教上，所以我拼命传基督教，改造基督教让它怎么适合中国。但是你要是没有这种冲动，你就是旁边者，等着看最后谁占上风呗。

简宁：还有，你传基督教也好，你传伊斯兰教也好，虽然我可能不参加，但我不是特反感，但你要是太离谱，建个教瞎传，就完全是人类的邪恶行为。我们不能明明知道一种丑恶还无动于衷甚至看着它被美化、神化。

嘉映：对，你纠正了我观点中的那一部分。我说我们都是旁观者，但我们又不是完全的旁观者，可能好多东西我们无所为，但还是有很多我们可以有所为的。

狗子：我觉得随着这种全球化，信教的人还是会越来越少。

嘉映：对，我觉得长期看起来是这样。

狗子：但还是有一些问题只能靠宗教来解决的吧，比如生死的问题。

嘉映：也不光是生死问题，还是信托的问题、信赖的问题，等等。比较典型的，我们看基督教的兴起是比较典型的。咱们都去过庞贝这些地方，对罗马都了解，有一点一直很困惑我，二世纪的罗马人，罗马的公民，特别是罗马有知识的人，想法可能跟我们完全一样。罗马多么文明昌盛，他们把城市修得好好的，有地下水道、马路，有法律，有教育，有好的艺术，人很开明、文明。我老想说，基督教徒呢，那时是在地道里的一些下层人民，啥都不明白，你怎么能想象他们能征服罗马帝国？别的都不说，我瞎说一个，罗马在统治了整个可见世界之后，丧失意义了，人的生活丧失意义了。罗马人那时候干什么？就是去吃，在公共浴室里吃。他去洗澡，洗完澡有按摩，按摩完就吃，因为全世界的好东西都来了。吃得太饱了，当时罗马就发明了一种药，能够呕吐而不伤身，他把它吐了，吐了之后回来接着吃，吃着按摩，按摩到什么程度呢？罗马人就不性交了，因为这个按摩比性交舒服，又省劲儿，成天就趴在那儿，奴隶就这么擦油按摩，按摩完洗。

狗子：洗浴中心，一条龙。

嘉映：但是我不是说罗马没有别的东西。人这么过一代、两代下来，罗马就没有什么出生率，你看罗马帝国衰亡史从来都是历史研究者最乐意研究的，就是看罗马帝国怎么衰亡的，其中一个主要是因为它的军队慢慢没有罗马人了，因为罗马人不生罗马人，所以为了维持罗马公民就不断把罗马公民证发给周边的民族，所以越到后来实际上纯正的罗马公民也就没有几个了。下层人民在过着下层人民的生活，整个统治阶级——真正的罗马人，生活没有意义。这当然不是基督教兴起的唯一原因，但是单讲这个原因，你也能够多多少少想象，最后人怎么会去信一个救世主，信一个犹太人？你也知道犹太人在罗马帝国是二等公民，一种边缘的角色。所以在这个意义上，有时候你会想，现在的确是繁荣昌盛，但是也挺难说的，最后大家全没意义，可能觉得还是信点儿什么比什么都好。

智性：何为"智性"谈话？

话题参与者：狗子 嘉映 简宁

2013 年 4 月 17 日

人之面谈话不智性，但不影响过日子。

狗子：今天我们谈谈何为"智性谈话"，以及何为"智性"。我以前听嘉映提过几次。你说，这种"智性谈话"在你有生以来好像极少，仅有的几次都能记住。那我就有点儿好奇，对我来说好像跟这种智性谈话根本就不太沾边儿。"智性"这词儿，是什么时候才有的？

嘉映：我不知道。

狗子：我查了百度，"智性，也译为知性、理性、理智、直觉，哲学术语。经常被认为与智能、智力是同义词。但是它经常使用在哲学讨论中，它被认为是人类心智中所具备的一种能分辨对与错的直觉能力，有人认为它是一种在人类心智中运作的知觉能力，位阶高于感官"。是这个意思吗？

嘉映：我觉得这个基本上没任何帮助，什么理智、理性、知性，咱不管那个，咱就管它有没有一个表面的意思。智性听起来跟知性有点儿接近，虽然我们现在说"知性"通常用在"知性女主播"这上头。

狗子：比如柴静？

嘉映：对对。知性大概什么意思呢？我想，它是指有知识，不是花瓶。她有想法，并且能听懂有想法的谈话。

我觉得智性谈话就是要有问题，至少谈话的主要目的或者主要过程是想推进对这个问题的解决或者思考。不像我跟你说点儿八卦，也没想着要干吗，没想着对自己或者对世界理解得好一点儿。

狗子：那这么说智性谈话对于我来说也有不少啊，像酒局上跟阿坚和张弛。张弛插话比较多，阿坚有时候会就一个问题聊聊。

嘉映：对，我觉得你们之间的智性谈话算是比较多的。但我参加的几次就不觉得是这样，比如说"转勺"我觉得就没什么智性。

狗子：呵呵，多数都是这种。

嘉映：然后，智性的另外一层意思可能跟这些都连着，就像刚才说的，跟智力有点儿关系。这时候我可能就会说，"智性程度高，智性程度低"。

如果我真的说过我参与的智性谈话不多的话，我估计，我的意思是智性比较高的对话可能会比较少。有的人就知道，哪些玩笑不能开，因为开了没劲。但是在机关里或者在什么地方，办事员也说说笑笑的，你坐旁边就特尴尬，因为你觉得一点儿都不好玩儿。就有点儿像现在的小品、绝大多数的相声，没有智性含量。反过来我个人觉得，侯宝林后来成为经典的那些相声就有智性含量。具体怎么来区别，怎么把这些区别说清楚可能也不容易，但是能听出来。

说智性交流，不一定非得是学术讨论，那个明显太专业了。一般说起智性交流主要指平常交流点儿别的，论人论事的那种谈话，但是里头有智性含量。

狗子：我这人的智性水平如何？

嘉映：我觉得你智性水平比较高，我觉得你知识水平不是特别高，呵呵呵。有时候我还真是发现，一般机关——也不见得是机关，就是有时你不得不交往的那些人——智性水平真的是挺低的。但是你自由交往的这些人，智性水平太低了就不太灵。

狗子：那你能举个例子吗？举一两个你有印象的，跟谁有过比较多的智性谈话。

嘉映：简宁算一个，因为，首先我们很少谈哲学，谈比较专业一点儿的事也不多。话题就是共同的朋友，一些家常事理，谈话有智性大概就是能对事物做出比较恰当的判断，知人论世比较在点子上。

关于智性交流特别少的说法，我不知道我当时怎么说的了。但是如果让我重复的话，确实我想说，找一个好的谈话的 partner（谈伴）不是太容易。你比如说秦晖。秦晖当然是我特别佩服的人，知识之渊博、记忆之好的确是少有，但他也说不上是好的谈话的 partner，他坐那儿就说三个钟头，他倒不是侃，有的人是侃，比如好多电视上的"专家""学者"，秦晖不是拿一套现成的东西侃，他是想着说，但是他不大听得见你在说什么。再比如有的人是表现型的、表演型的，这也挺多的，他很难真正进入这个谈话，因为他好像不是在跟你谈话，他是表演给观众看，或者表现给假想的观众。诸如此类。一个好的对话者，像刚才说的，你得智力在那儿、知识在那儿，对问题有想法但同时又的确是在听别人说，哪怕别人说的句句都反驳。

当然还有一些其他的品质，比如，错了他得认。以前我跟简宁有过一次谈话，简宁整理成一篇文章《关于谈话的谈话》，里面谈的我现在基本还是那么想的，dialogue，包括柏拉图的辩证法，dialectic，就是对话的意思。这种东西，相对来说，还是挺西方的，原因呢，我猜是因为在一个等级观念比较强的社会里，这种对话不太容易发生；在社会比较平等、内心也比较平等的环境里可能就好得多。

狗子：我想了想我周围能够进行比较智性的谈话的，好像跟学过哲学、学过数学沾边。是智性诉求高就学了数学、哲学，还是学了以后就有这种谈话方式了？

嘉映：这也挺有意思的，肯定有一部分是天生的，但是我相信，后来你做什么专业还是会有影响的。

狗子：那么这种智性或者智性谈话是不是也算是与生俱来的一种诉求？因为中西的差异，在东方这种等级社会里智性这种东西一直就没发展，或者被压抑了？

嘉映：我的第一感觉，不是那样。我觉得未必是人类就有这种要求什么的。智性要求可能跟艺术感有点儿像，当有了好的艺术作品以后，有的人对它敏感，他就喜欢。别的艺术咱不懂，但比如就像我还有点儿感觉的写作，比较明显，有的人对别人写出来的东西他觉得行，但也分不太出来什么是好的，什么是坏的。可能有点儿像我吃东西，要差得太多了可能也有点儿感觉，要是差不太多就没感觉了。

简宁：我也觉得人跟人之间大部分谈话不智性。智性是少数，智性肯定是更高一级的一种享受。你看我们日常生活中，有什么智性谈话？但是你不能说没智性谈话日子就没法过了，也过得挺好的，过得比我们更好。

嘉映：对。

狗子：你觉得咱们这几次谈话，智性含量有多少？两性、政治、文学……

嘉映：我觉得还可以，但还不是特别满足。达到让我特满足的那种，要不断受到挑战——或者说得再普通点儿，受到刺激。比如你本来是这么想的，虽然不能算深思熟虑，但是想过，而且不是没道理，可是你说完以后，别人说"唉，你这个不太行"。比如那次讲起死亡的时候，简宁讲佛教来纠正我的一个说法。哪怕你后来把自己的说法说圆了，但你也会发现你没想到的那个角度。

狗子：我觉得，这几次谈话还是不够鲜活，有这感觉吗？

嘉映：我觉得对，但我同时也在想为什么。我觉得可能有些段落就挺好，而有些段落就主要是我说了。你问，我说，这不是那种紧张的你来我往。我觉得这跟你的关系比跟我的大，你不是一个急于表达的人，也不是一个急于质疑的人，你可能心里有疑，但是你愿意自己先想想。

狗子：对，我似乎更善于旁听。

大家交流，甚至谈话也不一定都要有智性，但是总没有智性有时就有点儿顶不住。

简宁：智性谈话肯定是那种比较高级的需求，这种高级的需求可能相当于对美的热爱、对真的热爱。这肯定不是所有人都有的需求。但是就像一种瘾似的，如果你有了智性谈话的需求，一旦失去就会感到很大的缺憾。我自己就有这种感觉，比如说在一个正常的生活里面久了，就会有一种窒息感，喘不过气来，就想，他妈的。

当然除了智性谈话之外我会找一些智力游戏，比如打牌、下棋之类的排遣一下。那种排遣肯定跟智性谈话的需求是不一样的。因为——我这么想啊，人主要的生存环境是人际的。谈话是最主要的一个人跟人接近的方法。如果没有一个智性的谈话——这个智性谈话的内容，也可能是朴素的和日常的——如果没有，肯定是一个缺憾。我打个不恰当的比方，比如我跟孩子他妈妈对话就没什么智性，当然没什么智性会有其他的东西，其他东西也挺好。

智性交流这个东西，它跟谈话者的等级有关系吗？我不知道。我觉得可能不是太有关系，可能跟精神储备有关？我不知道，临时想到的一个词，但精神储备本身就是有等级性的。

嘉映：他说的这个，差不多我句句都想接，他用的几个词勾起我许多想法。我先说我想起的两个聚会。我一个美国同学的女儿，是个美国孩子，在中国成了影星，一次她父亲也就是我的同学找到我，邀我参加一个聚会。这个聚会是一个大老板张罗的，他跟这影星好了。大老板是个"东北银"（东北人），在内蒙古开矿，据说是身家万亿，有钱不得了的。我们那天喝了十几瓶法国那种比较上档次的红酒，一开始是一打，后来又加了几瓶。呵呵，我们喝红酒是拿大号的啤酒杯，倒一杯然后咕隆咕隆咕隆就喝进去了。

这个老板是那种人，就是特别亲热，特别豪爽，大鱼大肉大酒，说话特豪爽。在座的还有好几个美女演员——这不用说，演员都是美女——他们打情骂俏什么的，哎哟，那气氛可热烈了。我的同学哪儿见过这世面啊，从美国来，美国那么个土包子地方，哪儿见过呀，葡萄酒都是当啤酒喝的，而且除了年轻的美女，就是制片人，还有什么影视公司的这个那个，反正都是挺有范儿的那种。他特别高兴，兴奋地喝酒，我们俩坐一起也兴奋得不得了。可是等到酒过五巡之后，过了一两个钟头之后，还是这个，只不过就是愈发地这个了，更豪爽了，更肆无忌惮了。老是这样，我们俩就有点儿顶不住了，喝了那么多酒，我们俩居然谈起海德格尔的《尼采》来了。

简宁：哈哈哈哈。

嘉映：聊会儿尼采也是一个补偿……我就想说，大家交流，其至谈话也不一定都要有智性，但是总没有智性有时候就有点儿顶不住。

简宁：我觉得智性谈话不是一个生存的必需品，但它是一种很内在的一种文明的要求。

狗子：简单一点儿说，没知识的人会有智性谈话吗？

简宁：当然有。我为什么对"等级"有怀疑呢？我觉得这个东西基本上跟教育、跟知识没有太大关系。

狗子：就是不识字的老农民……

简宁：当然。我和底层交流的经验会比你和嘉映多吧，我就是从那个地方出来的。不说别的人，就说我们家的老太太，不认识字，是文盲，跟她谈事儿，谈我工作的事儿生活的事儿，她很快能领会，评点能指到要害之处。我觉得我跟老太太

ok理

之间的交流肯定是比较智性的。

嘉映：刚才狗子问的是，智性谈话跟知识文化有没有关系？肯定有关系，但是我觉得不是充要条件。

简宁：有些没有什么知识文化的人会特别有智性。

嘉映：对对。

简宁：当然，智性是可以训练出来的。但是我们也常常看到训练失败的，这个更多，那教授、博士蠢得让你想拔腿就跑，这种场合太多了。就是说智性这个词，它跟知识、跟教养、跟阶层有些关系，但都不是充要条件。

嘉映：我的第二个故事就是拔腿就跑。有一次晚上吃饭，我们几个教授坐在一起，吃饭嘛就闲聊，我就是聊了那么一会儿，吃着饭喝着酒，我就觉得那种玩笑的水平，叙事的水准、趣味，就是让人想拔腿就跑。后来我有点儿不是特别礼貌，但是我觉得无论如何得走了，我就说："我老了，我待不晚。"其实那时候可能才不到八点，我说我得回去休息了。

简宁：哈哈哈哈。

嘉映：出来之后吧，吸着那个空气，我觉得自由多了，舒畅多了。那种场合真的是你刚才讲的窒息，因为它的智性水平那么低，真的是一种窒息感。这些人都不坏，而且都对我挺好的，但怎么就是那么没意思。

简宁：如果你有智性，就像你有一种能力。你的能力被压抑着你会非常难受。

嘉映：或者一种趣味，被压抑着。

简宁：所以我说可能跟文明有关系，我小时候最喜欢的古典文学是《世说新语》。在我上大学之前，农村也没啥书，但不知道从哪儿找到一本破破烂烂的《世说新语》，翻过来倒过去地看，那里的人说话真有意思。这种有智性的东西，就像一个农民在百货大楼见到一个章子怡一样的美女，哎哟，怎么忘不掉了，真要命。我觉得在有些文明状态下，人的趣味或者谈话的质量就高——我们现在看希腊就有这种感觉。

嘉映：我觉得希腊是比较典型的，至少在我的脑子里。在《关于谈话的谈话》里我也提到，这种比较高智性的谈话是一种很有雅典风的东西，因为所有这些东西都是从雅典来的。而比如说斯巴达，尽管当时好多人也特别尊重斯巴达，也包括雅典人，他们可尊重斯巴达了。但是斯巴达人不说话，有个著名的例子，咱们学的课文里头的"laconic answer"（简短的回答）。人家把斯巴达人包围了，然后给他们写封信说："别打了，你们那么点儿人，我们那么多，我们灭了你们，if（如果）我们怎么怎么着了，你们就将鸡犬不留。"后来斯巴达人回了封信，就用了一个词"if"。

简宁：哈哈哈。

嘉映：故事不知道真的假的，反正这个成语"laconic answer"是指这个，斯巴达人是这么说话的。

简宁：谈话风气比较盛，肯定跟那个时期的文明大体上比较开放有关，那么深入说起来这东西可能跟政治有点儿关系吧。

嘉映：我觉得有。

简宁：朝鲜的人谈话肯定也没意思，可能还是因为文明状态比较闭塞。我看过一本书，一个美国人写的，也是哲学老师，叫《论扯淡》。我觉得名字挺好玩儿的所以买了一本。他叫扯淡，我不知道英文叫什么。他说那是更糟糕的一个事情。

嘉映：叫 bullshit（废话），那个作者叫 Frank（弗兰克），那书实在是不怎么样。

简宁：我不知道他那书好不好，起码在我这个非专业人士看来还是有点儿意思。他讲了一个什么状况呢，大部分人没有能力或者不敢面对真实的时候，聊一个无关紧要的内容把这个东西给盖过去了，大体上他就批判这么一个现象。是不是在《存在与时间》里海德格尔谈过"闲聊"这个事儿？

嘉映：对，是。这跟你说那个"扯淡"的意思差不多，就有点儿像孔子说的言不及义。

简宁：我当时看那个书的时候就联想起海德格尔批判的闲聊。就像你在农村村子里碰到的那些丈夫，黄昏回家就骂那些妇人，一天就知道胡扯，把正事儿都耽误了。我在微博上玩儿了一阵子后，非常突出的感觉就是，大部分人就像长舌妇一样，激动、兴奋，但是这些话题把真实感全给盖过去了，或者说把人不知卷哪儿去了。

所以我估量了智性的谈话的几个可能的特征。首先应该向真实感敞开。就像我刚才说的我家老太太的例子，她一个大字不识，也没怎么见过世面，但是如果我跟她描述一个什么事情，她评点的时候往往一针见血、一语中的。有时候我会觉得老太太怎么这么厉害？就是因为她有一种态度，这种态度就是向真实感敞开。这是我在底层碰到那些比较愉悦的交流对象的时候常常产生的一种感觉。这种人为什么让我觉得惊讶、惊喜？首先就是他们本真。而且，本真不是想真就能真的，他有一种到达本真腹地的能力，有那种力量。你说跟智力有关系？肯定跟智力有关系。

嘉映：肯定有关系。

简宁：但可能真不光是智力问题。我有一个很聪明的大弟弟，打算盘打得很好，但他说事儿的时候就是那么乏味。

嘉映：对，有各种各样的，有的是乏味，有的是自以为是，反正是各种各样。

谈话断然是一种生活方式

简宁：刚才说起等级和智性，我就想起孟子见梁惠王。孟子等级低，但谈话也很智性。

嘉映：我觉得中国的这些士大夫，在春秋晚期、战国早期，那地位是真高，有点儿像咱们北洋军阀时候的知识分子。

简宁：有种优越感。

嘉映：见着帝王也不咋着，比北洋的时候还好。

简宁：不怵，爱智慧、爱美，我觉得有点儿可比。

我讲个粗俗的笑话。我们村里有个人，我一个大爷，他一进了县城，下身一天到晚都是硬的，因为县城妇女的那种性感、那种妖娆，呵呵。是什么意思呢，他在农村的时候为什么没这个呢？他没这个见识。但是一旦有了，他就知道实际上有了那个东西了。

嘉映：大概就是分两层，一层就是说，你得见着；第二层就是说，你得是那个人。有的人见着就挺麻木的。所以我觉得好多人的美感也好，智性感觉也好，可能就属于这类的，一篇好文章有的人就有感觉，有的人就没感觉。

简宁：不过都是字儿。这个挺有意思。我再讲一个我生活中的例子，我有个舅舅，小时候念过私塾，他是地主的儿子，过去我们边儿上的山都是他们家的。我的舅舅那一辈子是倒霉透顶，落魄透顶。他常年哮喘，我最后一次见他已经奄奄一息，见到我他很高兴，因为我们俩能够说上话。所谓说上话，就是他在日常生活中没有的那些谈话。你知道他干吗？他爬起来，我扶着他靠着墙，我们谈唐诗、谈李白，他给我背"云想衣裳花想容"。每逢我想到这个场景都特别感动。在他的生活中，生死就在眼前，不在乎，不重要，但是没人跟他念李白，他很难受，见我去了，他的那种愉悦感、那种高兴，别提了。所以我每次想到这种场景的时候，感觉人性之深厚有时候超过我们的想象。这是我最后一次见他，后来我回北京不久他就去世了，所以这对我印象特深刻。再讲我们就要说嘉映你了，谁到你这儿来聊过一次，但凡是爱好智力活动，或者智性谈话的人，他就会再想来。当然他一般会因为礼貌不想打扰你，所以不会真的天天来。所以我说，这首先是一种享受，如果有了，你享受不到的时候你就会很难受。

狗子：一个是礼貌，另外要是天天来也不行。

简宁：那当然。我就是说它肯定不是日常消费品。我们老说欧洲贵族，那个阶层的人，他们的活动是比较智性的吧，所以他们才会资助艺术、思想这些东西。

嘉映：对，各个国家各个时代肯定会不太一样。能想象狂飙突进时代的那些德国人，歌德、席勒这些人。前两天我还在讲，歌德和席勒他们差十岁，歌德是 1749 年的人，席勒是 1759 年的人。但是席勒年轻的时候歌德已经名满天下了，《少年维特之烦恼》这些都写了。席勒还是一个文艺青年，是不是也已经写了《强盗》？反正也有点儿小名声，就去找歌德。可能歌德不太喜欢他，一个是不太喜欢他那种写作的风格，一个是可能席勒有些口音，总而言之是没怎么待见他。席勒也是一个很骄傲的人，所以他也就算了。过了十年，他们俩在魏玛的剧院门口碰到了，两个人都想不起来他们是怎么说起话来的，但一说起来就特别投机，他们就送对方回家。魏玛我去过，魏玛老城小得比我们小区还小，任何地方到任何地方就是走个十分钟，然后歌德送席勒，席勒又送歌德……两个人送了几个小时，一直到天黑才分手，所以你能想象当时的这些人在一起谈话给人的愉悦。当然，接着两个人就要好得不得了，这份友谊保持了十年。

的确，谈话断然是一种生活，刚才我举雅典和斯巴达的例子——当然我们也不知道斯巴达人到底是什么样子，但是从我们的经验可以推论，雅典那种谈话，断然是一种生活方式，我们比较中国人和西方人或者比较雅典和斯巴达，就是看你喜欢哪个了。

狗子：谈话断然是一种生活方式？

嘉映：其中的一层意思至少是：完全可以想象没有这种谈话的日子照过，但是对那些习惯了或喜欢这种生活方式的人会觉得，那简直不好过。

简宁：太不好过了。还说我舅舅那个例子，他对一首首唐诗的见解、品味、回味，没有空间展示出来，难受。还有，那种智性的谈话或者比较高级的谈话应该是不太功利的，在某种程度上是不及物的，有一种超越性。刚才我们说它有一种真实感，从另外一个方面我们能想象它有一种超越性。比如说歌德和席勒，席勒肯定不会套磁啊不会谈"我们以后评奖啊"什么的，肯定是既有一种超然同时自身也是比较愉悦的。而且还有一个，我觉得这样的谈话可能是小范围内的，不太可能是一大群人都谈得很高兴。

嘉映：我说谈话是一种生活方式的时候我也想到一个最出名的例子，就是柏拉图的《会饮篇》。

希腊智性生活特别繁荣或者至少挺高级，但有一点我老说，早期的哲学家，苏格拉底以前不是这种谈话式的，我在这稍微聊一点儿，比如像毕达哥拉斯学派。毕达哥拉斯学派不知道算是一个学派还是一个宗教，他们有好多类似教规的东西，其中一个好像是——我忘了是对新来的人还是对每一个教徒的了——不许说话，但是要做研究，做数学，等等。还比如像赫拉克利特这些人，据说都是不怎么说话的，完全是那种劲儿的。

后来这些哲学家——哲学家这个词我真的不愿意用，反正就是这些人吧——怎么说话了呢？这跟雅典的法庭、民主制度有关系。民主制度是要说话的，不是俩人比比肌肉，他得说。法庭也是，两告要辩论就得说。这时候就有一些外邦人，被叫作"智术师"的：sophistes——也有把它译成智者的，也有把它译成"诡辩术家"的，我觉得"智术师"是最好的译名。这些外邦人他们棒，会说，会修辞，而雅典特开放，他们跑到雅典来，专门教这些年轻人。尤其是教有点儿地位的人家的年轻人，因为他们要从政，他们的任务就是教他们说话。苏格拉底是反对智术师的。我们现在说苏格拉底和智术师是两条路，但实际上在当时大家把他们看成是一样的，至少很多人把他们看成是一样的，因为他们都教谈话。那么在雅典就形成了一种谈话式的生活，这种生活被当成可以说是最有品位的生活。

《会饮篇》一上来，没写几行，就进了阿伽松家，他们希腊人都是坐 coach（卧榻）的，是半躺着的，不像咱们的椅子和沙发。有钱人家有乐队，弹一些乐器。他们聊起来以后就说："哎呀，把这音乐都撤了吧。"就把音乐就都撤了。就有评论说，音乐在希腊人那儿就是一种特别重要的生活，但是那谈话比那音乐还重要。喝酒也不像咱们围一桌子，而是各人躺在 coach 上，有仆人给倒酒，这么喝。按照《会饮篇》的说法，他们就一直喝到后半夜，这就有点儿像狗子他们了，喝大酒。喝到快凌晨快天亮的时候，所有人都醉了，只剩阿伽松和苏格拉底两个人还没醉，还在那儿接着喝，还在聊戏剧、悲剧什么的。具体内容不说，这个画卷有点儿像《韩熙载夜宴图》，它描绘了一种希腊的谈话生活是什么样子的，而且整个的背景极生动，极有吸引力。再举一个例子，当时跟波斯人作战时雅典的两个司令在萨拉米斯海战的前一天晚上聚到一艘船上，谈论《荷马史诗》里面一个关于紫色的描述是不是恰当。在讲到这种智性谈话的时候我永远把它当作以雅典为标本的那样一种生活方式。当然，我也能想象当时陶渊明跟慧远和尚在庐山，两个人的住处有一个时辰的路程，没事儿了就你跑到他这儿来聊一天，他跑到你这儿来聊一天，但不像在雅典是一种普遍的生活方式。

简宁："曲水流觞"是不是有点儿雅典的意思。

嘉映：那当然是了，出《兰亭集序》的地方。

狗子：你的意思是说，在苏格拉底之前谈话这种东西并不是特别重要的一个活动？

嘉映：我觉得还没有形成这么一种生活方式，我用生活方式是比较大面的，不是说一个哥们儿有一生活方式，而是说一个城邦、一个社会，甚至一个时代的生活方式。因为早的时候雅典也是贵族制的，贵族制或者等级制不是谈话最好的土壤。我老说，民主制度和法庭是特别鼓励这种生活方式的，像宫廷阴谋之类的就是另外一种。狗子说说你们的谈话，你们哥儿几个喝大酒的时候也跟苏格拉底似的？

狗子：我以前也问过你，我说古希腊人、雅典人喝酒是什么状况？你当时说，他们肯定不像我们这么喝大酒。

嘉映：首先他们酒的度数不高，没有能力酿度数特别高的酒。

狗子：像你说的《会饮篇》的那种，就这么喝着酒聊的是不是也不多啊？

嘉映：我相信也不会是很多。柏拉图笔下的雅典生活也有人谈过，我们其实真是挺难知道历史上到底是什么样子，因为雅典留下的文献挺多，你要不是历史学家把它们都看了的话，偶然看到两个不同的人写雅典，你觉得简直就是两个不相干的地方，画面那么不一样。再具体一点儿，像苏格拉底这个人，柏拉图写得最多，其次就是色诺芬。两个人笔下的苏格拉底也差得特别多，柏拉图笔下的苏格拉底，虽然不至于像孔子那样，但还是挺一本正经的；但色诺芬那个放松多了——虽然他也崇拜苏格拉底崇拜得不得了——苏格拉底没事儿就跟舞女跳舞啊什么的。

简宁：呵呵，可能色诺芬跟苏格拉底交情更深一点儿。

嘉映：柏拉图小，苏格拉底四十多岁的时候他刚几岁，当然他两个哥哥都是苏格拉底主要的学生。

只有雅典人，以及雅典这条线是那种赤裸裸求真的

简宁：孔子他们那时候主要也是谈话。用我们现代的眼光看，孔子他不就是一个爱说话的编辑吗？

嘉映：是，当然也还不太一样。你看，苏格拉底也是被当作老师的，他也是有一大帮追随者的，比如柏拉图的哥哥们，

包括柏拉图本人。《苏格拉底之死》那张画其中就有柏拉图，一帮年轻人追随，但是你见到的更多的是苏格拉底跟他的同辈人谈话，虽然学生也跟着，至少从史料和留下的文献上看。

简宁：平等的谈话。

嘉映：嗯，平等的谈话。孔子呢？他基本上在对学生谈话，要么就对君王，跟其他人的谈话有一点儿，不多。另外就是你说的——编辑，孔子好像把他大量的时间用在文化或者文献工作上。另外就是政治。他这个政治跟苏格拉底不是特别一样，苏格拉底也从政，但他是因为雅典是城邦——不说民主城邦吧，其实在苏格拉底时代雅典的政府形式也在变——我这么说吧，它是公民参政的。所以他不是去说服君王，他参加大陪审团，打仗，等等，干这些事儿。他不需要去见君王，而孔子的政治活动——当时中国的政治活动、士的政治活动都是那样——就是说服君王。说服君王了君王就给你一个官，在中央当官，在鲁国的中央或者哪国的中央，或者给你派到地方上去当个县长。这两种社会生活的形态太不一样了。

简宁：从《论语》里看，孔子讨论得少，陈述得多，是吧。

嘉映：对，但是真实情况你就不太知道了，因为书是学生编的，是孔子死后编的，而且就编了这么一本书。

简宁：还有你看佛经啊，看《金刚经》就知道，须菩提这么说那么说，一问一答的，《金刚经》也被列为智慧的经典啊。你要说智性谈话，那真的是比较智性的。

嘉映：这又是一种风格，跟孔子不一样，跟雅典也不一样。雅典是最具讨论式的。

狗子：能不能这么说，苏格拉底、柏拉图这种古希腊的谈话主要是求真，孔子他们大概是求道或者传道？

嘉映：有点儿。总的说起来，只有雅典人以及雅典这条线是那种赤裸裸求真的，虽然他们也可以引用荷马，但是他们不完全托在传统上。孔子就好像托在诗三百、《尚书》上。一个是这跟当时整个社会生活形态和思想形态有关系，反过来，由于孔子这么做，可能他又加强了某一种传统。在我的印象里，好像孔子就是干两件事儿：一个是文化，一个是政治。当然这俩是连在一起的，因为他认为一个好的政治就是要复三代。三代当时不传了，孔子就费了好多劲儿——你看《论语》里有好多这种话——他到哪儿都打听这种事儿：打听怎么祭祀，怎么排位子，怎么施礼，文献弄到哪儿啦，一天到晚他就琢磨这个事儿，云游各国去打听这些事儿，然后把《礼》整理出来交给当时的君王。

狗子：能这么说吗：西方偏智性，东方偏感性，甚至是西方智性感性都有，东方单有感性，智性比较弱？

嘉映：你这么问的时候我在想，这在好大程度上依赖于我们怎么说这个智性的概念。我觉得有相当不同的形式，但是你要讲到智性谈话，应该说就是西方的，刚才讲到《金刚经》那种——那种问答式的——某种意义上更多接近孔子，更少接近苏格拉底。

简宁：请教的更多。

嘉映：对。这就跟一种奇怪的平等观有关。这个平等观跟一般的政治平等有多大关系我不说，主要的一点是，因为苏格拉底相信根本的智慧是人人心里都有的，他就是所谓"助产师"，苏格拉底明确地说他没有什么东西可教诲别人的，大概就是这个意思。

Dialectic——后来被我们译成"辩证法"的这个词，它的意思首先就是对话，你把它叫作语言也行，跟后来的辩证法差别有点儿大，通过正反的一种运动——这个正反运动有点儿像我是正方你是反方——来推进问题的。换句话说，真理不在我手里也不在你手里，但在另外一个意义上，它在你心里也在我心里，咱们就是要把它引出来。所以辩证法在这个意义上是一种方法，柏拉图的一个重要的意思是说：辩证法也有一套纪律——在最宽泛的意义上的纪律——或者一套方法，苏格拉底是掌握这套方法的，而不是掌握真理，他能够善用这个方法。到柏拉图那儿，雅典的这种对话式的生活就有了带点儿理论性质的总结，把里头的道道儿说出来。

放回到当时的历史背景下去看，我老觉得雅典、春秋、佛陀时代的印度，它们异质性挺大的，挺不一样，当时人的整个精神诉求差别挺大的。所以说到智性，佛陀也是一种智性，以及刚才反复讲到的南北朝——南北朝也是中国智性生活特别活跃的时候，它也受佛教的影响——更多是用一种点播和悟的方式。你看，《世说新语》就跟佛教的公案连成一片，风格上就很接近了。但西方主流的主要不是用这个方式，它是通过反复辩驳的方式，而不是一点，"哎哟，妙"。这个"妙"也有好多智性成分在里边，但风格是不一样的。

简宁：是啊，不说出来的。嵇康问钟会："你看到什么了？"他说："我看到了我看到的。"肯定有一个所指在这儿，两人都明白，但两人都不说。

嘉映：我觉得中国先秦以来——特别是孔子又加强了这个传统——那种"赤裸裸地"追求真理在中国不是一个特别主流的事儿，因为他们的确想的是怎么把国家治好，把生活弄好——这个是儒家或士大夫要干的，所以陈寅恪就说，单讲思辨、思想，他认为在儒家思想里不太多，儒家思想、孔孟之道主要是落实在这套礼仪制度上，真正要研究儒家，你读孔子说什么、孟子说什么那倒不一定那么主要，主要是要研究礼仪制度。

这种智性谈话，求真是第一位的。

嘉映：狗子，从这个角度来说说你们的谈话吧，因为你们也有一个 group（圈子），可以说也有好多年了。

狗子：张弛更多的是像《世说新语》那种，他说一个事儿的角度好玩儿。阿坚有时候会就一些事儿谈谈，但是和阿坚谈，经常谈不太出来什么，有时候觉得挺难交流，但也不是问题，反正有酒，也习惯了。张弛说他跟阿坚单喝，有时会"竟无语凝噎"。

嘉映：哈哈，你看，说到阿坚就让我想到，好几次我都想限定智性交流，我老说它是一种类型的生活方式，很特别，是以雅典为代表的，碰巧是我非常喜欢的。但是我也讲到比如像斯巴达，那是一个反例。阿坚也是一种。

我的感觉是阿坚不是一个好的交谈者，当然这也不一定是一个大问题。阿坚为什么不是一个好的交谈者呢？可能他自己的东西……太稳定了？

狗子：不知道他的话从哪儿出来的。

嘉映：阿坚特别认真地跟你谈话的时候，你觉得也没有engaged（投入）到这个话题里来。好像他还是在走他的那个路，只不过他不像秦晖那样"野蛮"就是了。

狗子：但他往往还要找人去谈。

嘉映：对，阿坚还愿意聊天，倒不是斯巴达人。

狗子：当你聊的、说的在他想象的范围之外，你说什么他就听不进去了。

简宁：和阿坚聊天，他的陈述不太重要，他的描述比较重要，他太见多识广了。

嘉映：因为我对阿坚太熟了，所以我觉得我还挺有体会的。他找人聊天有几种。一种是他做一个事儿，要收集资料。这个非常明显，他自己有个 project（计划），你的东西跟他这相关他就觉得有意思，跟他不相干，他就不要进入到这话题。还有一种是——现在不知道多不多了，倒退十几年那是特别经常的——他老要教育别人。这个以前特别多，我给他带来的朋友，只要是年轻，特别是年轻女性，没几分钟他就坐在人家边上开始讲"应该把工资辞了，应该把丈夫踢了，应该怎么着"，他就开始了，永远是这一套。后来我急了，我说你也不分那人是谁？你看，这也是没有对话性，他不管你这人是什么人，反正他就是他那一套，见人都是这一套。他现在还这么教育别人吗？

狗子：现在少了，几十年了，可能他自己也烦那一套了。

简宁：有的人还真是，他也爱谈话，但是不爱倾听，不爱听对方的，我不是说阿坚啊。

嘉映：是有，我见过的比较典型的是秦晖。要是你只想听人讲，那就把秦晖招来，他实在是讲得太好了。跟你讲过秦晖的故事吧？

简宁：记忆力，我听你说过。

嘉映：当时他哥哥要到东北去做生意，九十年代中期的时候做俄罗斯的边贸生意。秦晖就跟他讲，坐火车到哪儿下车，下了车怎么走，那儿是个什么地方。人家说你怎么对那儿那么熟？你经常去？他说没去过。他成天在读，读完了全记到脑子里了，然后他就什么都知道了。

简宁：典型的理论指导实践是吧？

狗子：所以你说像逻辑什么的，是不是就得基于这种谈话——智性谈话，才能发展？

嘉映：我觉得是。从希腊到希腊化时代，后来到中世纪，有所谓"七艺"，其中的三艺是抱团儿的，我记得是：修辞学、逻辑学和语法学。西方文明中的这一串儿东西是有点儿独特，从对话开始，到互相批评，包括赤裸裸的真理。当然它也有崇拜权威、崇拜传统什么的，但主要是在后人批评前人、互相之间在批评，因为他们老是认为有一个真理是超越所有的。在中国，你说破大天，真理就是在孔子手里，哪怕你通过曲解——比如像康有为，讲的完全不是孔子，但是他还得托古改制，还是得说这些都是孔子的意思，孔子就是真理。西方不能说没这个东西，但我想说它另外还有一个东西，有一个真理是超出任何个人的,你再权威再怎么样,我还是可以通过某种方式去探索它,甚至可以达到它。就拿咱们中国比,这是跟西方挺不同的一个传统,反正我体会特别多,西方这种精神和智性生活有一种很基本的共性,就说是最广义的科学精神吧,或者用老话说就是求真理的精神。

简宁:这是不是意味着有一种可能:永远都可以重新开始面对真理。就算一个人从来不知道苏格拉底,不知道奥古斯丁,也完全可以从他自己的当下来谈这个话题。只是我们只要一谈起这事儿来,一谈起这人来,不可能不谈孔子。是不是这样?

嘉映:我觉得就是这意思。我老说"赤裸裸的真理"就是那意思,不一定依托在具体的人,当然这肯定说得极端点儿了。

狗子:我们现在的生活,甚至全世界的生活就是建立在你说的比较独特的这一支儿所发展出来的科学上的?

嘉映:对,但是它也经历了很多很多变形了。比如我刚才讲广义的科学精神的时候,我是有这意思:科学要是能发展出来,就是要跟这种智性谈话什么的有关系。但现在的科学主要不是那样的了,虽然保留了很多,比如科学的自由争论,比如说所谓"以真理是问",不过也逐渐地脱离了这种人际交流了,因为科学特别技术化了。

所以,当我们说笼罩了全世界的这种西方精神是一种什么精神的时候,恐怕你也不能拿雅典来定义,你只能说有那种影子或者线索。而且我觉得虽然它的确是笼罩了整个世界，不过我们的民族性究竟在多大程度上还在起作用，在哪个层面上起作用，这些也是一言难尽的事儿。反正有些东西，民主什么的，从现象上看我们发展起来的确是有相当的困难，这种困难可能不仅只是跟制度有关，而且跟文化也有关系。你比如像这种法庭制度、庭审制度和当庭辩论制度。

简宁：我们辩论好像更少，我们好像没有这个辩论制度。

嘉映：就说嘛，在西方，典型的是：法官是中立的，律师是在和检察官对着。在中国呢？律师主要在跟法官斗争。我刚看了一个评论文章，我觉得写得挺有意思，它说，我们庭审的时候经常是律师跟法官两个人较劲儿，而检察官坐那儿看着，完全不是西方那样。

狗子：说到逻辑、谈话、辩论，联想到咱们之前谈"死亡"和"两性"，这些东西是不是没法儿照那个路子来谈？

嘉映：我觉得就是照这个路子来谈啊，这逻辑也不是说就给定A推出B。大概就是，这里面的道道儿它得连上。

简宁：我还刚给狗子看狗子校订"死亡"那一篇的谈话记录。我觉得咱们真的还挺辩证的，不太预设一个什么东西。虽然嘉映这么权威，咱们也没有太从权威出发，还是来来回回地说。也不一定得出一个什么结论，挺苏格拉底式的。

嘉映：柏拉图那个对话能得出结论的没有几篇，绝大多数都没结论。

狗子: 这智性不全是逻辑?

简宁: 肯定不全是逻辑。

狗子: 又是个道道儿?

嘉映: 也不好定义, 就是都在点子上呗。

狗子: 点子是什么?

简宁: 我刚才总结过, 可能有点儿真实感之类的事儿。

嘉映: 对, 有求真。

我再来试试啊, 就是一种智性的谈话吧, 它是能够让对话者受益。受益指的是: 如果是讨论问题, 对话者能对这个问题都涉及了哪些以前不知道的, 通过对话, 现在知道了或者领悟到了, 如果有一个解决的话, 它是往解决问题的方向推进, 因此, 它就区别于另外一种愉快的谈话。愉快的谈话是比如用来重温旧情啊, 等等, 这就无所谓智性。在比较广泛又不是最广泛的意义上, 它让对话者学到东西, 无论是学到知识还是学到道理, 在这方面有进益, 有收益。

狗子: 那东方的这种, 探讨人生这都算是有智性, 是吗?

嘉映: 刚才也说了, 方式不太一样, 那种打一个偈子, 说一句像《世说新语》《禅宗公案》里的话, 当头棒喝一下, 那个可能也有收益。但是我们讲的这种对话是有点儿探索性的, discursive(离题的, 散漫的)的, 是慢慢来的那种, 围绕这一个主题慢慢转的这样一种进益。"Discursive"这个词我是一直不知道怎么译。

简宁：我最近在网上看一个视频，柴静采访李安，我觉得他们谈得特别好。当然主要是李安，谈电影、过去的生活或者他的一些想法，都特好。就像刚才我说的，有真实感、有超越性，听到这个谈话就像换了一个新的地方、见到一个新的人的感觉。但柴静说的就比较像媒体的意识形态的趣味。很明显，谈话之间不对等。你觉得这是一个智性谈话吗？我觉得也还是。

嘉映：对，我觉得不能要求完全的平等，只要能搭上就行。你那么说，我倒觉得这种谈话的风格在中国大陆还是有一定的进步。你一说视频我想起来，有时候你看视频，哪怕是看文字，谈话的感觉总体上来说多起来了，包括官员，说话的风格开始变成对话式的了，而不是宣示、宣告的方式。这种方式越来越多了，我觉得是不是现在大家也开始对这东西有点儿追求，要是发言人太"发言人"的劲儿，大家就不喜欢。

简宁：我觉得好的媒体人应该是像民间俗语说的，"逢官大一级"，你是大人物我就给你大起来，你是小人物我就给你小下去。要是碰到大人物他心里马上就发怵了，仰着，那就不行。这就是谈话的智性问题了，也是一种心理能力。

嘉映：我觉得在这些特征里，求真还是第一位的。这种平等真的不是在说智力上的平等、知识上的平等。如果我们都是为了搞清楚这件事儿的话，我可以对你毕恭毕敬，承认我的知识也不够、智力也不够，什么都不够，但在一个更根本的意义上还是平等的——就是这事儿到底怎么回事儿。你也要弄清这事儿，就是要对事情执着。我也要弄清这事儿。我们可能讲平等，但不能把平等太表面化。

"影响大"现在好像天然是一个正面的东西

嘉映：现在我想说明一下，我觉得在很大程度上谈话我是有优势的，这差不多就是我的本行嘛。

简宁：恰好我有个品格，在你这儿我能做到童言无忌。我不同意就是不同意，不管我怎么崇敬你，怎么爱戴你，我可以撇开这个东西。

狗子：我确实不是特别善于交流、辩论，这种能力和习惯都不太有。但是就说这几个谈话，我先说一点儿咱们稍微谈谈。尤其是嘉映这儿，他经常拿古代社会跟现代对比。这确实让我看好多事能够更明白了，这是一点；但是嘉映你也说，第一不可能再回到古代了，而且回去也未必好。但感觉上你还是有点儿往回的那种，而不是总往前看。

嘉映：对，我觉得你说的也对。我算是比较克制了，但有时候是挺难免的。

狗子：你算倾向于保守吗？

嘉映：嗯，我想到周濂给过我一个问卷，就是打钩，打完钩之后给你出一个结果，它判断你是什么主义者。那个问卷好像分成政治、经济和文化。我记得我在文化上是特别保守，在经济上偏保守但不是特别保守，政治上我忘了。

狗子：咱们这一系列谈话，首先因为好多问题都是我的困惑，所以这个谈话能够给我一点儿启发我都觉得挺好的，当然，远远超出一点儿了，我觉得挺好的。前两天，想比照我们这个谈话跟张松谈一次，你们知道他也喜欢哲学，我跟他每次交流启发也挺大的，但他说我一个人去没问题，带摄像就算了……

简宁：我也觉得别扭，对不起啊（对摄像者）！

狗子：张松给我的邮件里是这么说的："这种谈话私人之间交流是很好的，公布于众，更成为公之于众而制造，只能使思想娱乐化，思想乃至逻辑的尊严在这个娱乐化的事件中荡然无存。当然，娱乐是我们这个时代最得宠的姑娘，但我一想到要跟她上床就阳痿。"

嘉映：我觉得张松说得挺好的，我也一直有这感觉。不同的话题，不同的谈法，本来是有对象的，是有层次的。但现在就好像都可以公众化，好像要么对一个人，要么就是对全世

界，没有哪条界线在挡着似的。比如我去讲课，以前呢，没有
录音没有录像的时候是一种讲法，现在有录音录像了，你讲什
么好像是在对世界讲，其实以前，哪怕教室里这些学生你不认
识，你还是在对这个班的人、你眼见的这些人在讲。我这次准
备去成都，他们给我发了一个邀请，说我们这儿特别好，有录
音有录像，网上影响特别大，后来我说那我就不讲了。现在人
一想都是那种，你讲一个东西或者干什么，"影响大"好像天
然是一个正面的东西。我们有些东西愿意影响大，但有些不是
想影响大。你就是想在这个范围内讲。影响一大，就淡化了——
当然张松用的是"娱乐化"，但至少有淡化，娱乐化也有一点
儿，淡化跟广义的娱乐化是比较接近的。